Yankel Fijalkow

Sociologie
des villes

TROISIÈME ÉDITION

La Découverte

9 *bis*, rue Abel-Hovelacque
75013 Paris

Les deux premières éditions de cet ouvrage ont été publiées sous le titre *Sociologie de la ville*.

Si vous désirez être tenu régulièrement informé des parutions de la collection « Repères », il vous suffit de vous abonner gratuitement à notre lettre d'information mensuelle par courriel, à partir de notre site **http://www.collectionreperes.com**, où vous retrouverez l'ensemble de notre catalogue.

ISBN : 978-2-7071-5315-9

Avant-propos

Ce livre synthétise des enseignements sur la ville dispensés dans divers lieux institutionnels : universités, écoles d'architecture et de travailleurs sociaux, Masters d'aménagement et de développement local. Au fil des années, les publics concernés, sociologues, géographes, ethnologues, futurs architectes et urbanistes, ont largement contribué, par leurs questions, à l'approfondissement de notre réflexion. Autant qu'à notre objet, nous leur devons cette richesse pluridisciplinaire. Si cet ouvrage est avant tout dédié à la sociologie urbaine, il n'est guère possible d'évoquer la ville sans croiser les écrits de géographes, d'ethnologues, démographes et bien entendu d'historiens. Ils nous ont confirmé dans l'idée d'une certaine homogénéité des sciences sociales.

Nos préoccupations s'attachent aussi à l'urbanisme opérationnel, dont les procédures mériteraient d'être plus souvent éclairées par les réflexions des sciences sociales. Celles-ci permettent de comprendre comment un aménagement urbain peut s'inscrire de manière durable dans la société. Leur démarche, fondée sur la distanciation à l'égard des pouvoirs et règles institués, nous semble plus riche que leurs techniques et recettes. Ayant autrefois travaillé au service de collectivités locales, nous mesurons combien la capacité critique des sciences sociales peut être un moteur essentiel pour l'action quotidienne au service de la ville. Ainsi, cette introduction pourrait se résumer par deux propositions simples et interdépendantes : la ville est un sujet politique qui engage des choix et des valeurs ; l'apport des sciences sociales est fondé sur des faits démontrables.

Ce livre obéit à deux principes : la démarche historique et le travail de terrain. Les recherches d'histoire urbaine, qui connaissent un développement depuis les années 1980, permettent de mettre en perspective les débats d'urbanisme contemporain et les théories des sciences sociales qui y correspondent. Chacun des chapitres de cet ouvrage rappelle d'abord les auteurs classiques sur le thème considéré en situant leurs écrits dans leur contexte social et politique. Il se poursuit ensuite sur les débats actuels en intégrant dans cette troisième édition un plus grand nombre de références étrangères. Le souci pédagogique nous a aussi conduit à ne jamais isoler les propos abstraits ou théoriques des réalités concrètes. En interrogeant un agent immobilier, en observant la disposition spatiale d'une zone pavillonnaire ou la tenue d'un conseil de quartier, le lecteur pourra tester la portée des outils théoriques proposés dans ce livre. Le même souci nous a conduit à proposer un dernier chapitre consacré à l'enquête urbaine. Il consiste à exposer les outils documentaires, cartographiques et statistiques dont dispose le chercheur urbain pour mener l'étude d'un lieu, qu'il s'agisse d'une ville, d'un quartier ou d'une intercommunalité.

Tout au long des chapitres de ce livre, les objets étudiés sous la dénomination de « ville » (formes sociales, modes de vie, gouvernements) renvoient à des époques différentes. La morphologie sociale s'inscrit dans une période de transformation physique de la ville de 1900 à 1970. Elle répond à des questions immédiates : quels sont les besoins collectifs ? Comment les groupes s'intègrent-ils dans les nouvelles cités ? L'écologie urbaine, qui commence sa carrière dans les années 1920 aux États-Unis, la poursuit en France dans les années 1980. Ses interrogations portent sur l'intégration urbaine des populations immigrées, sachant que l'urbain renvoie à la proximité spatiale. Au seuil des années 1990, le nouvel engouement pour le gouvernement urbain conduit à redécouvrir les « bonnes villes » décrites par Max Weber. Les chercheurs constatent dans la ville contemporaine des phénomènes de régulation et d'arrangements citoyens. Pour illustrer l'unité de la ville, nous avons cherché dans cette édition à multiplier les exemples internationaux.

Ainsi, suivant la tradition sociologique, trois entrées nous ont semblé pertinentes pour aborder la ville : le rapport entre espaces urbains et sociétés (chapitre II), la ville comme mode de vie (chapitre III), la ville comme lieu du politique (chapitre IV). Ces thèmes répondent à une question fondamentale : en quoi la ville est-elle un objet sociologique ? (chapitre I).

I / La ville, phénomène sociologique

La notion d'urbain est souvent utilisée pour qualifier des faits culturels, sociaux, économiques. Le sociologue se trouve interpellé par une grande variété de phénomènes actuels qualifiés d'« urbains » : Internet, la maison individuelle, certaines musiques, les associations d'habitants, les incivilités, la mendicité, le bruit, les transports, les lieux de rencontre, etc. Quel est le propre de la ville dans ces phénomènes ? Dans quelle mesure la sociologie donne-t-elle des outils pour étudier ces sujets ?

Les indicateurs statistiques du phénomène urbain dans le monde

Le phénomène urbain a envahi la planète. À la fin des années 1990, l'ONU estime que la population urbaine (considérée à partir d'un seuil de 5 000 habitants) représente 50 % de la population mondiale contre 33 % en 1950 ; 250 agglomérations dépassent le million d'habitants contre 16 seulement en 1900 et aucune au début du XIXᵉ siècle. En 2003, selon l'ONU, les plus importantes sont Tokyo (35 millions), Mexico (18,7), New York (18,3), Sao Paulo (17,9), Bombay (15), Calcutta (13,8), Shanghai (12,8), Pékin (12,3), Djakarta (12,3), Rio de Janeiro (11,2), Séoul (9,7). Parmi les 100 premières villes du monde, 44 se trouvent en Asie et 9 en Afrique. Mais quelles réalités se cachent derrière ces chiffres ? La notion de ville est difficile à définir avec précision et fait appel à des critères démographiques, administratifs, économiques [Véron, 2006]*.

---

* Les références entre crochets renvoient à la bibliographie en fin d'ouvrage.

Délimiter la ville

La population semble l'indicateur le plus commode pour définir une ville. Néanmoins, le critère de la population urbaine agglomérée est très variable selon les pays : il y a ville lorsqu'une agglomération dépasse 250 habitants au Danemark, 2 000 en France, 11 000 en Égypte, 30 000 au Japon. Les différences de définition de la ville reflètent les degrés d'urbanisation. Le critère de population ne peut être satisfaisant que si les limites physiques de la ville sont clairement posées. Or celles-ci varient au cours du temps. En France, le critère du continuum bâti s'est rapidement imposé. Dès 1962, l'INSEE conçoit l'unité urbaine comme « l'ensemble d'une ou plusieurs communes dont le territoire est partiellement ou totalement couvert par une zone bâtie d'au moins 2 000 habitants. Dans cette zone, les constructions sont séparées de leurs voisines de moins de 200 mètres ». En 1975, l'INSEE conçoit les zones de peuplement industriel et urbain (ZPIU), qui traduisent la zone d'influence des villes, notamment les transports du domicile au lieu de travail. Chaque unité urbaine fournit au moins 5 000 emplois. En 1997, les aires urbaines sont « un ensemble de communes d'un seul tenant et sans enclave constitué par un pôle urbain [...] et sa couronne périurbaine dont au moins 40 % de la population résidente ayant un emploi travaille dans le pôle ou les communes attirées par celui-ci ». L'aire urbaine comprend donc les banlieues et la couronne périurbaine jusqu'à la limite des communes relevant de plusieurs pôles. Au recensement de 1999, l'INSEE a ainsi dénombré 361 aires urbaines abritant 42,8 millions d'habitants, et 2 millions d'habitants dans des communes pluripolarisées. L'espace à dominante rurale (en dehors d'une aire urbaine) représente 13,6 millions d'habitants, soit à peine 23 % de la population française. Mais ces critères peuvent se trouver inversés lorsqu'on ne tient pas compte de l'activité des ménages. Ainsi assiste-t-on en Afrique à une « ruralisation des villes » qui se traduit par une augmentation des actifs agricoles [Lutala, 2003].

L'ambiguïté de la densité

La notion de densité a souvent été utilisée pour définir la ville. Mais il faut se garder de l'apparente scientificité de ce rapport quantitatif entre la population et la superficie d'un territoire. Cette mesure traduit des modes d'occupation du sol différents. Ainsi, la petite couronne d'Île-de-France est, à superficie comparable, plus densément peuplée (8 047 habitants au km²) que celle de Londres (6 391 habitants au km²). En effet, le modèle urbain francilien est plus concentré autour de Paris que ne l'est la région autour de Londres. De plus, la densité dépend de la composition des espaces étudiés : hauteur des habitations, espaces non construits. Ainsi la densité de Manhattan (24 754 habitants au km²) est-elle fortement affaiblie par l'existence en son sein de Central Park, alors que celle de Paris (20 476 habitants au km²) se calcule le plus souvent hors des bois de Boulogne et de Vincennes. Il faut aussi rappeler que la densité de population ne traduit que l'aspect résidentiel de la ville : les zones d'affaires et de bureaux, pourtant situées au cœur des cités (à New York, le Central Business District), sont souvent moins densément peuplées que leurs alentours. La vie urbaine y est pourtant intense. Enfin, il convient de garder à l'esprit que les délimitations physiques sur lesquelles repose le calcul de la densité renvoient plus à des découpages administratifs et politiques qu'à des données « naturelles » (cours d'eau, versant...). Or ces découpages (par exemple les 36 000 communes de France) sont le résultat de processus sociaux. Mais on assiste en France à un mouvement d'intercommunalité qui remet en cause les découpages communaux. Aux États-Unis, où l'intercommunalité existe sous la forme de districts métropolitains, des quartiers de lotissements peuvent, lorsque les deux tiers des habitants y sont favorables, faire sécession et s'instituer en municipalités indépendantes au nom des principes de l'incorporation et de l'autodétermination locales.

Les sociologues considèrent la densité comme une condition nécessaire et non suffisante de la vie urbaine. Selon Émile Durkheim (1858-1917), les villes se caractérisent par une densité physique (rapport population/surface) qui résulte de la « densité morale » des sociétés, autrement dit le degré de partage de règles et de valeurs communes. Selon Durkheim : « Tant que l'organisation sociale est segmentaire, la ville n'existe pas » [1893, p. 238]. Mais, si la densité morale permet la densité physique, l'inverse n'est pas forcément vrai. De nombreuses agglomérations de populations, comme des villes ou des quartiers nouveaux, ne permettent pas, malgré une densité physique élevée, une vie sociale intense. En dépit des efforts des urbanistes, l'anonymat est souvent la règle, alors que de vieux quartiers tout aussi denses se constituent parfois en communautés habitantes. À l'inverse, les études de réseaux ethniques et

Densité matérielle et densité morale

« [...] La densité matérielle — si, du moins, on entend par là non pas seulement le nombre des habitants par unité de surface, mais le développement des voies de communication et de transmission — marche d'ordinaire du même pas que la densité dynamique et, en général, peut servir à la mesurer. Car, si les différentes parties de la population tendent à se rapprocher, il est inévitable qu'elles se fraient des voies qui permettent ce rapprochement, et, d'un autre côté, des relations ne peuvent s'établir entre des points distants de la masse sociale que si cette distance n'est pas un obstacle, c'est-à-dire est, en fait, supprimée. Cependant il y a des exceptions et on s'exposerait à de sérieuses erreurs si l'on jugeait toujours de la concentration morale d'une société d'après le degré de concentration matérielle qu'elle présente. Les routes, les lignes ferrées, etc. peuvent servir au mouvement des affaires plus qu'à la fusion des populations, qu'elles n'expriment alors que très imparfaitement. »

Source : Durkheim [1985, p. 113].

familiaux dans les villes ont montré qu'une proximité sociale pouvait se traduire par une proximité spatiale, c'est-à-dire un regroupement spatial significatif dans un quartier de la ville [Fischer, 1982].

La diversité des approches sociologiques de la ville

Comment expliquer l'émergence historique des villes ? Comment se créent les différences sociales et celles des valeurs immobilières entre les quartiers ? Pourquoi les lieux de pouvoir et les entreprises valorisées se regroupent-ils dans des espaces communs ? Quel est le rôle des pouvoirs et des contre-pouvoirs dans la ville ? Quelle est la place du quartier dans la vie des citadins d'aujourd'hui ? Quel est le rôle du cadre bâti et des formes architecturales sur leurs comportements ?

La ville est un produit économique et social

La première idée qui vient à l'esprit dans la définition économique de la ville est sa différence avec le monde rural, la « campagne ». La ville est marquée par la concentration de populations, de produits, d'entreprises, alors que la campagne s'illustre par leur éparpillement. Pour Marx, l'opposition ville-campagne est le reflet de l'économie.

Les fondements de l'opposition ville-campagne

« La plus grande division du travail matériel et intellectuel est la séparation de la ville et de la campagne. L'opposition entre la ville et la campagne fait son apparition avec le passage de la barbarie à la civilisation, de l'organisation tribale à l'État, du provincialisme à la Nation, et persiste à travers toute l'histoire jusqu'à nos jours. L'existence de la ville implique du même coup la nécessité de l'administration, de la police, des impôts, etc., en un mot la nécessité de l'organisation communale, partant de la politique en général. C'est là qu'apparut pour la première fois la division du travail en deux grandes classes, division qui repose sur la division du travail et les instruments de production. Déjà, la ville est le fait de la concentration de la population, des instruments de production, du capital, des plaisirs et des besoins, tandis que la campagne met en évidence le fait opposé, l'isolement et l'éparpillement. L'opposition entre la ville et la campagne ne peut exister que dans le cadre de la propriété privée. »

Source : Marx et Engels [1965, p. 19].

Ce propos est attesté par l'historien Paul Bairoch : l'émergence des villes n'a été possible que dans le cadre de la répartition d'un surplus agricole. Mais la ville n'est pas un parasite économique. Elle est plutôt un facteur d'innovation dans la mesure où « elle favorise la diffusion, la monétarisation de la société, la mobilité sociale, l'adéquation entre l'offre et la demande de main-d'œuvre qualifiée, l'élargissement des débouchés de la production agricole et industrielle » [1985, p. 140].

Ces approches économiques de la ville renvoient à deux questions sociologiques importantes. La ville apparaît comme un phénomène économique, une forme d'économie de dimension liée à la juxtaposition d'entreprises et de populations [Remy, 1966]. En effet, les proximités spatiales permettent d'abaisser des coûts, d'augmenter la qualité et la diversité des biens, de rapprocher l'offre et la demande de produits ou d'aptitudes humaines spécialisées. Max Weber (1864-1920) considère la ville comme une entité politico-administrative chargée de gérer une « économie politique urbaine » qui se caractérise par la volonté de garantir un approvisionnement régulier de nourriture, la modicité des prix et la stabilité de l'activité des producteurs et des commerçants.

Aujourd'hui, considérer la ville comme un produit social et économique renvoie d'abord à la question foncière. On peut en effet se demander comment se créent les valeurs immobilières qui influent ensuite sur les phénomènes de distribution des groupes sociaux et des activités économiques dans la ville. La construction d'un équipement de prestige, d'infrastructures de transports va-t-elle transformer la perception de l'espace urbain et le mettre en valeur sur le marché immobilier ? Cette question conduit à s'interroger sur le rôle des agents privés ou publics qui participent à la production matérielle de la cité (construction d'immeubles, de réseaux de transport...) et sur la manière dont ils entrent en interaction et en négociation. La ville peut être considérée comme un système où les actions économiques et institutionnelles sont liées et interagissent.

Or les dynamiques de développement sont différentes selon les villes quand on considère notamment leur « base économique ». Dans les années 1960, les géographes, économistes et planificateurs distinguaient les villes selon le nombre d'actifs occupés dans des fonctions d'enrichissement (industrie, commerce, tourisme, finance), de service (administration, enseignement, santé), de création et de transmission (moyens de transport, communications). Cette classification permettait de mettre l'accent sur la fragilité des villes de monoactivité. La fermeture d'une seule entreprise pouvait entraîner le déclin de ses partenaires, un taux de chômage accru, un dépeuplement de la commune, une désaffection de l'immobilier, une baisse du budget municipal et de la qualité des services publics. La fonction tertiaire (ou de services), prépondérante aujourd'hui dans beaucoup de villes, demande plus de précisions : s'agit-il de tertiaire public ou privé, de services publics ou de services au public, de services aux ménages ou aux entreprises ? Pierre Beckouche et Félix Damette [1996] proposent une nouvelle grille d'étude du système productif et des groupes socioprofessionnels, prenant en compte la « production abstraite » (conception, recherche, gestion, marketing). Ces données importantes fournissent des cadres permettant d'étudier la division du travail dans l'espace ainsi que l'existence de réseaux de villes, complémentaires ou concurrentes. Elles permettent aussi d'étudier les stratégies des couches sociales localement dominantes et donc les dynamiques de développement urbain [Le Galès, 1995a]. Les caractéristiques de la société locale (relations institutionnelles et politiques avec l'extérieur, intérêts économiques organisés, structure sociale, organisation de la société civile) constituent donc une dimension essentielle pour comprendre le gouvernement des villes qui deviennent des acteurs à part entière [Le Galès, 2003].

L'étude des dynamiques fonctionnelles peut aussi se décliner au niveau intra-urbain, comme celui des quartiers. En effet, les différents secteurs d'une ville remplissent à des degrés divers des fonctions bien établies par rapport au reste de la ville : spécialité d'activités tertiaires ou productives, touristiques, résidentielles. Certaines activités, comme le tertiaire de bureau ou le commerce de gros dans le Sentier de Paris ou de Marseille, peuvent s'implanter au détriment de l'habitat. On peut se demander alors si la vision technocratique du zonage (séparation spatiale radicale des activités et du domicile), proposée dans la doctrine de l'architecte urbaniste Le Corbusier, ne se réalise pas dans les faits.

La ville est productrice d'une culture

La vision rationalisante et mécaniste du fonctionnement urbain est récurrente dans l'histoire. Après guerre, le credo de Le Corbusier est largement commenté : « La ville doit permettre d'habiter, de travailler, de circuler et de se distraire. » En effet, de nombreuses expériences d'urbanisme montrent que la vision technocratique de la ville-machine se heurte à la culture des habitants. À Brasilia, des bidonvilles se sont construits à l'ombre des bâtiments gouvernementaux dessinés par Oscar Niemeyer, si bien que les pouvoirs publics ont dû créer des « villes satellites ». À Chandigarh, les populations autochtones se sont réapproprié et ont « dénaturé » l'architecture nouvelle de Le Corbusier. Ces « déséquilibres » justifient l'intervention de sociologues chargés d'expliquer les rapports entre ces nouvelles villes et la culture urbaine sur laquelle elles se greffent.

Or les villes sont, en tant que formes spatiales, l'expression des cultures qui les ont produites. Le citadin européen peut se repérer dans beaucoup de villes de son continent, pourvu qu'il ait en tête la structure, le plan type de ces cités (la gare, la cathédrale, le centre, l'hôtel de ville...). Même ceux qui produisent et projettent la ville (architectes, planificateurs) n'échappent guère à leurs propres représentations de l'urbain [Ostrowetski, 1985]. La ville, produit culturel, peut donc à son tour être un moule culturel et devenir un « état d'esprit ». Ainsi, l'histoire de Marseille, ville d'immigration, constitue à la fois un modèle d'économie transnationale d'entrepreneurs ethniques circulant dans le bassin méditerranéen et une culture particulière de l'altérité [Tarrius, 1993]. Plus généralement, Abu-Lughod [1987] prend en considération le facteur religieux dans la constitution de la « ville musulmane » fondée sur le principe de la distinction des appartenances sociales et religieuses, du genre et du contrôle social.

Désorganisation spatiale et désordre social
L'exemple des Bororo d'Amazonie

« La distribution circulaire des huttes autour de la maison des hommes est d'une telle importance en ce qui concerne la vie sociale et la pratique du culte que les missionnaires salésiens de la région du Rio das Graças ont vite appris que le plus sûr moyen de convertir les Bororo consiste à leur faire abandonner leur village pour un autre où les maisons sont disposées en rangées parallèles. Désorientés par rapport aux points cardinaux, privés du plan qui fournit un argument à leur savoir, les indigènes perdent rapidement le sens des traditions, comme si leurs systèmes social et religieux (nous allons voir qu'ils sont indissociables) étaient trop compliqués pour se passer du schéma rendu patent par le plan du village et dont leurs gestes quotidiens rafraîchissent perpétuellement les contours […]. On comprend ainsi pourquoi, en contrariant la disposition traditionnelle des villages, les missionnaires détruisent tout. »

Source : Lévi-Strauss [1966, p. 255].

L'hypothèse selon laquelle les villes sont productrices de cultures ou de sous-cultures urbaines est ancienne. On suppose que les manières de vivre, de travailler ou de consommer résultent des conditions du milieu urbain. Dès 1887, Ferdinand Tönnies décrit l'urbanisation comme le passage d'une communauté fondée sur les liens du sang (*Gemeinschaft*) à une société organisée sur la base du contrat (*Gesellschaft*). En 1903, Georg Simmel relève dans l'urbanisation un mouvement de désocialisation des individus qui les arrache à leur milieu affectif de socialisation primaire. Ces auteurs opposent une société plutôt rurale fondée sur une solidarité héritée reposant sur un sentiment d'appartenance commune et une société, plutôt urbaine, de compromis, de coordination d'intérêts rationnels régis par un droit écrit et impersonnel. On retrouve une distinction proche chez Émile Durkheim [1893]. Toutefois, cet auteur souligne l'importance de l'évolution de la division du travail qui contribue à différencier les individus selon leurs fonctions. Le passage d'une société fondée sur une solidarité mécanique à une société reposant sur une solidarité organique rend les individus autonomes, mais les détache des valeurs communautaires.

Aux États-Unis, le courant culturaliste est représenté par l'école de Chicago des années 1920, étudiée au chapitre III. Ces sociologues s'intéressent au développement de sous-cultures communautaires en milieu urbain. Le mode de vie des immigrés juifs, italiens, portoricains est décrit dans un souci d'intégration.

En France et en Angleterre, la posture culturaliste a donné lieu à des études de quartiers populaires considérés comme des aires culturelles, les communautés traduisant des modes de vie particuliers. Ces courants culturalistes se sont souvent opposés à une vision technocratique de la ville ne tenant compte ni des communautés ni de leur histoire. Ils ont montré la spécificité de certains lieux, les conditions d'appropriation de la ville par les groupes sociaux, leurs besoins urbains autres que matériels. Ils ont souligné l'importance de l'espace construit comme élément fondateur et constitutif des communautés. Ils ont participé à la revendication d'une ville « à l'échelle humaine », version amoindrie des idéologies antiurbaines et ruralistes, telles qu'elles sont apparues en France sous le régime de Vichy.

On touche là une question importante avec celle de l'hypothèse implicite d'une action directe du milieu des villes (ou des banlieues) sur le comportement récréatif ou déviant des individus. Le sens commun abonde dans cette direction, comme le montrent les nombreux thèmes associés à l'urbain, telles les « cultures urbaines » (musiques, arts plastiques, sports...) ou les « violences urbaines », dont abusent les médias. Certes, des conditions matérielles sont parfois propices au développement de cultures musicales urbaines, par exemple les couloirs du métro parisien [Green, 1998]. Mais, bien souvent, la ville ne paraît pas être la cause directe de tels faits sociaux. Lorsqu'il est question de déviance, la ville s'impose souvent dans les discours des acteurs publics et de la presse [Wieviorka, 1999]. Depuis 1985, un urbanisme sécuritaire se développe en Grande-Bretagne afin d'éliminer les espaces publics considérés comme criminogènes (impasses, pieds d'immeubles). En France, les émeutes de 2005 ont conduit à une accélération des opérations de résidentialisation. Invoquer la ville permet d'évacuer toute autre explication. La représentation de la ville s'impose si fortement dans les esprits qu'elle conduit même à produire des effets urbains (sentiment de dévalorisation des habitants des quartiers dits « difficiles »).

Les éléments fondamentaux de l'organisation urbaine

La ville est souvent comparée à une machine ou à un organisme vivant. Bien que dépassée, cette métaphore exprime l'idée que la ville est un système organisé, doté d'une structure globale (le plan), subdivisée en parties (les quartiers) affectées à des fonctions spécifiques : l'habitat, le travail, les loisirs. Ces éléments fondamentaux de la vie urbaine résultent des interactions entre les différents acteurs et institutions qui concourent à leur mise en place et à leur utilisation. Ce sont les premières traces de la ville en tant que produit social.

Les plans des villes

L'idée de plan est souvent associée à celle de ville. Mais peut-on expliquer sa forme et ses tracés ? Le plan traduit les phases de réalisation et d'organisation des villes. Dans de nombreux cas, le relief a guidé l'extension urbaine empêchant la ville de se développer sur des massifs montagneux, des plaines inondables. Les plans de ville s'adaptent aux pentes, épousent la forme des vallées. Mais de nombreux exemples montrent que le plan des villes n'a pas toujours été guidé par la topographie. Le plan en damier de San Francisco semble peu adapté aux pentes ; bien des villes japonaises s'implantent sur des zones à risques sismiques. En fait, les représentations que se forgent les sociétés des difficultés et des risques physiques ont certainement beaucoup de poids. Pour Durkheim, « ce n'est pas la terre qui explique l'homme mais l'homme qui explique la terre » (*Année sociologique*, vol. III, 1900, p. 557).

Il est possible de distinguer les plans selon les régularités formelles observables. Néanmoins, celles-ci correspondent souvent à des causes très diverses. Ainsi, le plan à trame rectangulaire ou carrée avec des voies orthogonales trouve son origine dans le *castrum* romain et dans les villes de fondation. On le retrouve aussi bien chez les lotisseurs du XIXᵉ siècle que dans les plans linéaires de Tulle, de Chicago ou de Buenos Aires. Même constat pour les plans circulaires ou elliptiques qui apparaissent en Europe occidentale avec les invasions barbares. Typiques des villes médiévales qui se constituent autour d'un château, ils se traduisent par un développement annulaire autour d'un noyau et de voies radiales. Ces plans radioconcentriques se trouvent dans beaucoup de villes européennes : Bruges, Vienne, Paris. Enfin, des plans modernes à géométrie complexe se structurent autour d'une volonté d'esthétisme et de fonctionnalité. Par exemple, dégager les places, améliorer la circulation, mieux canaliser les rassemblements populaires. Le plan de Paris doit énormément aux travaux du baron Haussmann entre 1852 et 1870. Les percées des grandes voies stratégiques ont éventré de

Le plan de Paris, expression de besoins collectifs

« Les changements de la structure superficielle de Paris s'expliquent non point par les desseins concertés d'un ou plusieurs individus, par des volontés particulières, mais par des tendances ou besoins collectifs auxquels les constructeurs, architectes, préfets, conseils municipaux, chefs d'État ont obéi, sans prendre, de ces forces sociales, une conscience bien claire, et, quelquefois, avec l'illusion qu'ils s'inspiraient de leurs conceptions propres. »

Source : Halbwachs [1972, p. 224, extrait de *La Vie urbaine*, 2, 1920.

vieux quartiers populaires et fractionné le tissu ancien. Irriguant les gares, elles ont anticipé sur l'évolution du trafic et du transport de masse. À Barcelone, l'*ensanche*, plan quadrillé coupé de diagonales, établi vers 1859 sur la base du projet d'extension d'Alfonso Cerdà, a voulu guider l'accroissement de la ville ceinte de boulevards [Coudroy de Lille, 2000].

Enfin, le plan des villes est l'expression d'un agencement d'espaces ouverts et fermés, bâtis et non bâtis, publics et privés. Bien qu'il soit difficile d'interpréter les plans des villes d'aujourd'hui, gagnées par une forte extension suburbaine, ceux-ci font apparaître des voies de transport, des territoires enclavés et l'accessibilité de certains lieux (administratifs, culturels, économiques) aux populations. Bref, selon Maurice Halbwachs, le plan reflète les choix conscients ou non de la société qui édifie la cité. Il saisit sur le vif une figuration de la personnalité de la ville, une volonté collective qui, parfois, échappe à ses décideurs.

La répartition des activités et de l'habitat

La diversité des types d'habitats et leur répartition dans la ville sont les marques les plus visibles de la séparation des groupes sociaux. Toute ville a ses « beaux quartiers », ses « faubourgs populaires » et ses « quartiers difficiles », pour reprendre une terminologie aussi répandue que contestable. Prenons l'exemple d'une ville européenne. À l'échelle d'une simple carte topographique (au 1/25 000), on peut repérer, souvent à l'œil nu, le tissu ancien des centres-villes au bâti dense et compact, l'habitat mélangé et desserré des espaces péricentraux, la zone des barres et des figures géométriques illustrant les grands ensembles d'habitation sociale construits dans les années 1950-1960, les secteurs de maisons individuelles des années 1970 et 1980, rassemblées autour d'un plan homogène et en rupture avec le reste du tissu. Plus loin, le périurbain s'établit à partir de noyaux anciennement villageois auxquels se sont raccrochés quelques « rurbains », travailleurs des villes habitant des maisons individuelles ou des fermes rénovées. Ces noyaux connaissent parfois une croissance rapide, lorsque leurs attraits attirent de nouvelles activités. Ce schéma type, certainement caricatural, correspond à des types de populations bien identifiées statistiquement. Dans un premier temps, chaque type d'habitat renvoie à des clientèles différentes selon le prix du foncier et les politiques du logement. Mais, par la suite, d'autres milieux sociaux peuvent se réapproprier cet habitat.

Dans les villes européennes, le prix du sol a tendance à décroître selon la distance au centre-ville, lorsque celui-ci remplit véritablement sa fonction de centre de pouvoir et de prestige (présence notamment des administrations centrales, des grandes banques, des sièges des grandes entreprises). Il croît aux abords des stations de transport, le long d'une ligne de métro lorsque celle-ci est récemment créée. Il est donc souvent difficile, sauf effort particulier de la collectivité, de construire de l'habitat populaire dans les secteurs où les prix fonciers sont élevés. Dès lors, l'habitat collectif social et l'accession populaire à la propriété ne peuvent s'établir que dans les secteurs les moins valorisés. Or la valeur des terrains dépend étroitement des représentations qu'en ont les citadins : facilités d'accès, présence d'équipements prestigieux, possibilité de scolarisation dans les « meilleurs établissements » [Oberti, 2007].

En France, les politiques du logement menées par l'État depuis l'après-guerre n'ont qu'en partie modifié le déterminant foncier. Les parcs de logements reflètent les « cibles de clientèle » visées par l'État grâce à l'octroi de prêts, de subventions ou d'allocations. En France, les jeunes ménages de deux actifs avec enfants représentent, depuis la réforme du financement du logement de 1977, le modèle de l'accession à la propriété de maison individuelle des « couches moyennes » dans les espaces périurbains. À l'inverse, certains quartiers d'habitat social comptent un pourcentage élevé de populations en difficulté et au chômage. Le cumul des inégalités entraîne d'autres problèmes financiers, familiaux. Ces processus de concentration renvoient à la politique du logement collectif et locatif de l'État menée entre 1950 et 1970.

Mais l'habitat n'est pas le seul facteur de distribution des populations dans l'espace urbain. La localisation des entreprises est importante dans cette dynamique, si l'on admet que les ménages cherchent à minimiser leur temps de transport. La répartition des activités dépend des stratégies des entreprises et de la qualité des espaces : la disponibilité d'un type de main-d'œuvre, les potentialités développées par une zone technopolitaine, les méthodes de distribution, les moyens de communication comptent autant que jadis la proximité de matières premières. En milieu intra-urbain, l'appartenance à des réseaux de clientèle, à des solidarités ethniques ou religieuses peut conduire à des implantations spécialisées tel, par exemple, le commerce de gros dans le Sentier à Paris. Les implantations d'activités ne se réalisent donc pas au hasard. Ainsi, les activités de recherche scientifique et technique, notamment privées, s'intègrent volontiers à proximité d'un tissu résidentiel valorisé. La distribution spatiale des activités est souvent le reflet de la distribution sociale.

Les réseaux de transport

Les réseaux de transport modèlent l'organisation spatiale de la ville. Les prix des logements, la répartition des emplois dépendent en grande partie de l'accessibilité et donc des transports. La planification des transports doit tenir compte de la répartition des populations et des emplois afin de prévoir l'augmentation des déplacements et leur localisation. La tendance actuelle à multiplier les déplacements (ce qui s'explique par la flexibilité accrue des horaires de travail et les transformations de la famille) complexifie amplement la prévision.

L'urbanisation se traduit aussi par l'augmentation de la mobilité quotidienne des citadins. Un habitant de la région parisienne qui travaille hors de son domicile passe en moyenne 1 heure 15 par jour en déplacement [Merlin, 1994]. Les ménages consacrent 15 % de leur budget au transport, troisième poste de consommation après le logement et l'alimentation. Or les temps de transport ont des effets sur l'intégration des populations dans la ville. Pour développer l'accessibilité, l'une des solutions est de dépasser l'opposition entre les transports individuels et collectifs, en développant notamment l'intermodalité, c'est-à-dire la possibilité de passer facilement d'un type de locomotion à un autre. Mais la dépendance automobile reste élevée dans certains milieux et espaces sociaux. Elle est aussi liée à la qualité des transports publics et à la concentration des services. Ainsi, le taux de motorisation (nombre de véhicules par ménage) est deux fois moins élevé à Paris que dans le reste de la France [Dupuy, 1995].

La dépendance à l'égard de la voiture individuelle se traduit dans l'organisation de l'espace urbain. Bien souvent, la ville s'est adaptée à la voiture plutôt que l'inverse. Face à une augmentation importante du parc national (25 millions de voitures en 1995, contre à peine 2 000 en 1900), les municipalités ont sacrifié des espaces centraux, construit des parkings et des quasi-autoroutes urbaines. Aujourd'hui, un consensus inverse se développe en faveur de la création de « zones 30 pour ralentisseurs », de voies cyclables séparées, de parkings périphériques de dissuasion.

L'enclavement de certains espaces et de leurs populations concerne également les transports collectifs en tant que service public. Depuis les années 1990, des agglomérations moyennes se dotent de nouveaux métros urbains, les tramways en site propre, intégrés au paysage urbain, refont leur apparition après trente années d'absence. Traversant des secteurs socialement hétérogènes, ils permettent à des publics très différents de se rencontrer.

Les réseaux de transport ne permettent pas toujours l'agencement entre l'habitat et le travail. Les structures d'habitat de la ville ne correspondent pas toujours aux besoins de logement de la main-d'œuvre. Ainsi, des entreprises ont préféré développer des systèmes de ramassage de main-d'œuvre jusqu'à 100 kilomètres alentour plutôt que de la loger à proximité [Coing, 1982]. Dans la Silicon Valley, la valorisation des activités informatiques a fait tellement grimper les prix immobiliers que la main-d'œuvre non qualifiée ne parvient pas à se loger à moins de 100 kilomètres. Les pouvoirs publics sont amenés, par leur participation aux infrastructures de transport, à mettre en adéquation l'habitat et le travail. Ainsi, à Abidjan, la nécessité d'habiter au plus près des marchés et des emplois explique la présence de « campements » d'habitats légers et précaires en centre-ville [Haeringer, 2005]. Mais, à Bogota, où la disponibilité en terres urbanisables n'est plus assurée et où la voirie est insuffisante, l'augmentation de la motorisation liée à l'ouverture économique produit une baisse considérable de la vitesse de déplacement. L'asphyxie de la ville se manifeste par une crise de son accessibilité et une forte mobilité résidentielle malgré la pénurie de logements [Dureau, 2000].

En conclusion, la ville est de prime abord une agglomération de populations dans une étendue limitée. C'est un espace formel (plan, bâtiments, transports), perçu et approprié par des habitants, des passants, des actifs, des entrepreneurs, des hommes politiques. Elle correspond à une série d'espaces socialement différenciés selon les modes de vie, les regroupements communautaires. Néanmoins, l'élément fondamental de la ville est la proximité spatiale, qui permet le déploiement des réseaux économiques et sociaux et la multiplication des relations de service [Hannerz, 1983].

Cette définition permet de poser trois questions sociologiques majeures : à quelles conditions les différentes formes spatiales, de villes et d'habitats, ont-elles des effets sur la cohésion des groupes sociaux de résidents (chapitre II) ? Dans quelle mesure les conditions propres au milieu urbain déterminent-elles l'existence de modes de vie spécifiques dans les différents quartiers de la ville (chapitre III) ? Quelles sont les formes contemporaines de planification et de gouvernement des villes tenant compte de la diversité des groupes sociaux urbains (chapitre IV) ?

II / La ville, forme sociale

La répartition des activités et des lieux de pouvoir, les sépara-
tions entre les espaces résidentiels et économiques, les formes
d'habitation et de peuplement sont l'expression de la société, de
ses normes, valeurs, habitudes.

Tous ceux qui interviennent dans la production de l'espace se
sont interrogés sur la manière dont celui-ci renforce ou détruit
les groupes sociaux qui y résident ou vont y habiter. L'un des
pionniers de la sociologie urbaine, Maurice Halbwachs, indique
que « la société s'insère dans le monde matériel, et la pensée du
groupe trouve dans les représentations qui lui viennent de ses
conditions spatiales un principe de régularité et de stabilité »
[1938, édition de 1970, p. 13]. Une relation réciproque entre la
cohésion des groupes sociaux et l'espace produit par la société
s'établit. Après avoir étudié, selon la théorie de Halbwachs, les
rapports entre l'intégration des groupes sociaux et la ville, nous
vérifierons cette conception dans trois espaces contemporains :
les grands ensembles, la zone pavillonnaire, le centre ancien
traditionnel.

La morphologie sociale de Maurice Halbwachs

En 1909, Maurice Halbwachs soutient une thèse de droit qui
devient une pierre fondatrice de la sociologie urbaine : *Les Expropriations et le prix des terrains à Paris (1860-1900)*. En 1913, sa
thèse de sociologie (*La Classe ouvrière et les niveaux de vie.
Recherches sur la hiérarchie des besoins dans les sociétés industrielles contemporaines*) le désigne comme spécialiste des budgets
ouvriers. Il est intégré dès 1904 dans l'équipe de *L'Année*

sociologique fondée et dirigée par Durkheim. Il est élu en 1944 professeur au Collège de France dans une chaire qu'il fait intituler « Psychologie collective ». La brillante carrière universitaire de ce résistant s'arrête le 20 août 1944, date de sa déportation au camp de concentration de Buchenwald [Becker, 2004].

Le marché foncier, reflet des représentations collectives de l'espace

Pour Maurice Halbwachs, l'organisation spatiale agit sur la société par la façon dont celle-ci l'appréhende : « Les formes matérielles de la société agissent sur elle non point en vertu d'une contrainte physique comme un corps agirait sur un autre corps mais par la connaissance que nous en prenons [...] ; il y a là un genre de pensée ou de perception collective qu'on pourrait appeler une donnée immédiate de la conscience sociale » [1938, édition de 1970, p. 182-183]. Il convient de s'attacher aux représentations collectives de l'espace qui renvoient aux « sentiments communs » de la société. Or la production de l'espace urbain est le résultat d'une action collective.

Cette théorie s'applique d'abord au marché foncier. Le niveau de prix du sol, urbain ou rural, est un puissant déterminant de la répartition des groupes sociaux dans l'espace. Il se répercute sur les prix immobiliers et les loyers. Ainsi, l'explication des prix fonciers se révèle fondamentale pour le sociologue. Mais celui-ci trouve dans l'espace urbain des phénomènes qui dépassent la théorie économique classique de l'ajustement offre-demande. Non seulement les prix fonciers sont déterminés par l'anticipation des acheteurs et des vendeurs (ce qu'on pourra faire de tel ou tel terrain), mais ils reposent également sur un prix d'opinion qui renvoie à la représentation de l'espace qu'en ont les acteurs (par exemple, ce que peut devenir tel ou tel quartier). En outre, l'intervention publique de l'État ou des collectivités locales modifie considérablement les conditions du marché dans la mesure où elle contribue à transformer substantiellement la nature du sol. Ainsi, l'équipement d'une ville en réseaux de transport la désenclave et la valorise.

Ces considérations actuelles se retrouvent dans l'ouvrage de Maurice Halbwachs *Les Expropriations et le prix des terrains à Paris (1860-1900)*. Maurice Halbwachs définit l'expropriation comme « l'acquisition par la ville d'un fonds bâti ou non jusqu'ici approprié en général par un individu ; la démolition partielle ou totale de l'immeuble ; le rattachement du fonds ou d'une parcelle à la voie publique ; la revente aux particuliers de la partie du fonds qui reste utilisable pour la construction [...]. Dans le cas des expropriations, le nombre des immeubles atteints, l'étendue des fonds concernés, est considérable. Ce qui caractérise ces acquisitions, démolitions, reventes, c'est qu'elles portent sur des ensembles étendus [...] ; au lieu qu'un intervalle de temps souvent assez long sépare l'une de l'autre chacune de ces trois phases, l'expropriation opère avec rapidité » [1909, p. 23].

Quelle est la logique de cette politique publique ? Pour beaucoup d'auteurs, la question est incongrue : les transformations profondes réalisées à Paris entre 1854 et 1870 (percements et prolongements de larges voies) font déjà l'objet d'un récit historique et convenu. On attribue à l'autorité du préfet Haussmann (aux ordres de Napoléon III) la modification de l'aspect matériel de Paris. Ses objectifs, présentés dans ses *Mémoires*, consistaient à améliorer la circulation, l'hygiène, à réprimer les manifestations populaires, à favoriser le retour de la bourgeoisie. Bref, nous sommes, en apparence, face à une décision politique menée par un seul homme, doté de moyens techniques et juridiques exceptionnels. Que peut ajouter un sociologue à cette évidence partagée par tous ?

Prenant le contre-pied du sens commun, Maurice Halbwachs fait l'hypothèse que la décision administrative d'exproprier est l'issue d'un ensemble de décisions conjointes. Pour Halbwachs, une telle action répond sans le savoir à des besoins et à la pression collective (voir citation encadrée chapitre I, p. 15).

Pour vérifier cette idée, Maurice Halbwachs classe selon leur cause les créations de voies nouvelles. Puis il étudie le peuplement de Paris par quartiers de 1836 à 1900. La mise en relation des déplacements de populations et des tracés de voies l'amène à distinguer des « voies de circulation » et des « voies de peuplement ». Dans le premier cas, les percées sont réalisées lorsque la population augmente aux deux extrémités de la voie peu de temps avant la réalisation de la percée. Dans le second cas, les voies ouvertes le sont en prolongement de quartiers de plus en plus peuplés. Ainsi, « ce n'est ni par des mouvements très généraux et obscurs, ni par des initiatives individuelles que s'explique l'évolution de Paris dans sa forme et sa structure matérielles » [1908, p. 167]. La ville apparaît dès lors comme l'expression de « besoins collectifs ».

Dans la seconde partie de sa thèse, Halbwachs analyse plus précisément les données relatives au prix des terrains. Il isole cette variable du prix de l'immeuble, qui comprend le coût des matériaux. Le prix des terrains permet d'observer la formation de « prix d'opinion » sur la valeur d'un emplacement urbain. Chaque vague d'expropriation étendue, c'est-à-dire d'offre soudaine de terrains, entraîne une montée des prix, ce qui semble logique compte tenu des besoins sociaux collectifs auquel elle répond. C'est donc par anticipation que le vendeur de terrain fixe son prix en fonction des gains à venir de l'acheteur. Dès lors, le développement urbain se trouve aux mains du « spéculateur intelligent qui reconnaît d'avance qu'en raison de la prospérité croissante de nouvelles valeurs sont à créer, de nouveaux quartiers à tracer, de nouvelles maisons à construire en vue de satisfaire des besoins nouveaux » [1908, p. 173]. On comprend que cette pratique d'anticipation nécessite une certaine sensibilité urbaine. Mais surtout, comme l'explique Marcel Roncayolo [1989], le calcul du spéculateur oublie rarement de tenir compte dans ses anticipations des travaux d'aménagement publics susceptibles de produire des bénéfices privés.

Comprendre l'actualité de la thèse de Maurice Halbwachs nécessite de prendre la mesure du contexte intellectuel et urbain de son œuvre [Topalov, 2001]. Une dizaine d'années après la publication de sa thèse, le problème de la planification, à Paris comme dans les grandes villes européennes, se pose avec acuité. En France, l'expansion urbaine mal contrôlée confronte les municipalités à une marée pavillonnaire spontanée qui s'amplifie entre les deux guerres. Dans la région parisienne, une banlieue de baraques et de bidonvilles construits à la va-vite s'édifie grâce à des lotisseurs sans scrupules. Jusqu'en 1919 (loi Cornudet), les municipalités ne disposent pas d'outils juridiques pour réglementer la construction sur leur territoire et aménager les terrains. Privée d'assainissement et de transports, une classe socio-résidentielle fuyant l'entassement et le coût des petits logements parisiens se constitue, grâce au développement du réseau de chemin de fer, qui lui permet de s'éloigner de la capitale. Elle forme entre les deux guerres le mouvement des « mal-lotis » (évalués alors à 140 000 familles).

Ce type de problèmes suscite un mouvement en faveur de la planification urbaine, militant pour que les municipalités puissent maîtriser leur extension grâce à un plan prévisionnel fixant des limites à la constructibilité de leur territoire [Gaudin, 1985]. Dans ce débat, Maurice Halbwachs propose que la sociologie participe à une prévision des besoins collectifs, indispensable à

L'expression de « besoins collectifs » :
les mal-lotis de l'entre-deux-guerres en région parisienne

> « La plupart des mal-lotis construisirent leur maison eux-mêmes. La construction se fit dans la plupart des cas en deux étapes avec remplacement d'un type léger par un type plus solide. D'abord, l'abri de jardin en planches de 3 mètres sur 4 avec une porte et une fenêtre, entouré de la multitude d'appentis déjà décrits. Certains utilisent les carreaux de plâtre ou le fibrociment. La toiture est en carton goudronné ou en tôle ondulée. Puis le bâtiment principal s'agrandit, comprend deux ou trois pièces. On voit apparaître la maison de bois avec soubassement de pierre, ensuite sont employés de plus en plus agglomérés, parpaings, briques ; la toiture devient en tuiles [...]. Le loti, dès qu'il a quelques disponibilités, achète un cent de briques ou d'agglomérés, un sac de ciment, un peu de sable. Il consacre à la construction ses loisirs dominicaux, aidé de sa famille et d'un ami ou d'un voisin ouvrier du bâtiment. Ainsi son habitation s'édifie d'année en année. »

> *Source* : Bastié [1964, p. 164].

une synthèse pluridisciplinaire : l'urbanisme. Comme le montre Valladares [2006], l'émergence de la problématique des favelas au Brésil est liée à la volonté de réguler la demande et d'instituer des normes d'habitat. De même, le terme « bidonville », désignant à l'origine un quartier de Casablanca, devient en se banalisant dans les années 1930 une notion de la politique urbaine française [Cattedra, 2006].

La mémoire collective et l'espace, supports des identités collectives

Les études de Maurice Halbwachs sur la mémoire collective posent la question du rôle de l'espace dans la vie du groupe. Dans *Les Cadres sociaux de la mémoire* [1925, éd. 1994], Halbwachs rapporte l'histoire d'une petite fille d'origine esquimaude abandonnée et retrouvée en France au XVIIIe siècle. Transplantée, elle n'arrive à se souvenir de son histoire que lorsqu'on lui présente des objets témoins de sa vie passée. Ainsi, nous ne nous souvenons que parce que notre entourage nous y aide. La mémoire individuelle dépend d'une communauté affective. L'oubli provient plus d'un détachement à l'égard du groupe que du phénomène d'usure d'un individu. Halbwachs opère le même type de raisonnement par rapport à la mémoire collective, « courant de pensée continue qui ne retient du passé que ce qu'elle est capable de vivre et qui est encore vivant ». Le cadre présent définit la mémoire collective, qui diffère de la mémoire historique des érudits et des savants.

Pour Halbwachs, le rôle de la mémoire collective est fondamental. Grâce à elle, le groupe social prend conscience de sa forme [Marcel et Mucchielli, 1999]. Dans son dernier ouvrage, *Topographie légendaire des Évangiles en Terre sainte. Étude de mémoire collective* [1941], Halbwachs mène une enquête sur le déplacement, dans la tradition chrétienne, de la localisation des épisodes sacrés de l'Évangile, depuis les premiers chrétiens jusqu'à une période récente. Il montre comment l'espace, perçu et identifié, participe à l'identité collective des chrétiens. Par exemple, une légende localise le tombeau du roi David à Bethléem (et non à Jérusalem) parce qu'il est supposé être un ancêtre de Jésus (p. 51). De même, le parcours du chemin de Croix de Jésus connaît des variations telles que, vers le milieu du XVe siècle, il se trouve situé hors de Jérusalem (p. 105). Ainsi, « la mémoire collective est essentiellement une reconstruction du passé qui adapte l'image des faits anciens aux croyances et besoins spirituels du moment » (p. 9). Cette reconstruction peut prendre la forme soit d'un morcellement (plusieurs lieux correspondent à un souvenir), soit d'une concentration (un seul lieu rassemble plusieurs souvenirs). Mais, dans chaque cas, elle contribue à renforcer l'identité du groupe. On devine aisément comment nous pourrions transposer ce type d'analyse aux monuments urbains d'aujourd'hui et aux groupes qui s'y rattachent. Une géographie de la mémoire est encore à construire. Celle-ci peut aussi bien se donner des terrains emblématiques tels les lieux centraux d'Alger avant et après la décolonisation [Dris, 2001] que des cités d'habitat social visées par des démolitions [Fourcault, 2004]. Bopda [2007] montre l'enjeu identitaire que constituent les toponymes des différents quartiers de la ville migratoire de Yaoundé. À l'inverse, de grandes manifestations internationales comme les jeux Olympiques constituent l'occasion pour certaines villes comme Pékin de se « moderniser » en démolissant un patrimoine très ancien de maisons à cours carrées (les hutongs) et en délogeant plus de 300 000 résidents.

Un sociologue de la même époque, Marcel Mauss, arrive, en étudiant les variations saisonnières de l'habitat des Esquimaux, à la même conclusion. L'observation des établissements, des mouvements démographiques, des formes d'hébergement, de la distribution de la propriété et de l'organisation familiale l'amène à conclure que « la vie sociale sous toutes ses formes, morale, religieuse, juridique [...] varie en fonction de son substrat matériel » [1906, éd. de 1991, p. 475]. Aujourd'hui le sociologue

Les pierres de la cité

« Si, entre les maisons, les rues, et les groupes de leurs habitants, il n'y avait qu'une relation tout accidentelle et de courte durée, les hommes pourraient détruire leurs maisons, leur quartier, leur ville, en reconstruire, sur le même emplacement, une autre, suivant un plan différent ; mais si les pierres se laissent transporter, il n'est pas aussi facile de modifier les rapports qui se sont établis entre les pierres et les hommes. Lorsqu'un groupe humain vit longtemps en un emplacement adapté à ses habitudes, non seulement ses mouvements, mais ses pensées aussi se règlent sur la succession des images matérielles qui lui représentent les objets extérieurs. Supprimez, maintenant, supprimez partiellement ou modifiez dans leur direction, leur orientation, leur forme, leur aspect, ces maisons, ces rues, ces passages, ou changez seulement la place qu'ils occupent l'un par rapport à l'autre. Les pierres et les matériaux ne vous résisteront pas. Mais les groupes résisteront, et, en eux, c'est à la résistance même sinon des pierres, du moins de leurs arrangements anciens que vous vous heurterez. »

Source : Halbwachs [1968, p. 135-136 ; 1re éd. 1950].

italien Guido Martinotti propose une « nouvelle morphologie sociale » prenant en compte les mobilités et non la seule appartenance résidentielle pour comprendre les mutations des espaces métropolitains [1993].

Production de l'espace et cohésion des groupes sociaux

La sociologie urbaine se trouve dès l'après-guerre interrogée par les pouvoirs publics. Les opérations d'urbanisme bouleversent le paysage familier, déplacent des populations, créent de nouveaux espaces. En Europe comme aux États-Unis, les politiques de rénovation urbaine détruisent d'anciens quartiers populaires. Comment vont s'aménager de nouvelles conditions de vie dans les banlieues d'habitat collectif ? Vont-elles renforcer la cohésion des groupes sociaux existants ou, au contraire, créer un nouveau creuset urbain ? Qu'en est-il, aux États-Unis, de l'habitat pavillonnaire qui dès les années 1950 attire les cols blancs ? La situation est-elle comparable en France à partir des années 1980 ? Que penser du retour au centre et à la revalorisation des quartiers anciens et historiques des villes occidentales ? Est-ce le signe d'une nouvelle harmonie de la société urbaine recentrée autour du quartier ?

Le déclin des anciens quartiers populaires

La période de l'après-guerre est, en France et dans de nombreux pays européens, marquée par la crise du logement. Celle-ci est quantitative : le vieillissement du parc, le bilan des bombardements, les modifications rapides des comportements démographiques et des attitudes face à la famille provoquent des besoins supplémentaires en logement. Sur un plan qualitatif, les normes de l'architecture contemporaine se diffusent et se traduisent par un besoin de confort accru et une revendication d'espace. Suivant la doctrine de Le Corbusier, de nombreux pays occidentaux tournent le dos aux centres-ville, aux quartiers anciens, et se lancent dans la construction industrielle de grands ensembles de logements collectifs et populaires en banlieue. Aux États-Unis, les programmes fédéraux réalisent des opérations de « *slum clearance* » pour construire des logements bon marché et confortables. En Russie, Timothy Colton [1995] montre comment les « massifs d'habitation » collectifs créés dans la périphérie de Moscou à partir du plan d'aménagement de 1952 accompagnent la destruction du vieux quartier d'Arbat. De part et d'autre du mur de Berlin il s'agit, comme le note Jean-Pierre Frey [2001], de construire pour des ayants droit au confort, au logement, à la modernité.

Le sociologue Chombart de Lauwe est l'un des premiers à considérer l'importance de ces mutations. Ancien élève de Maurice Halbwachs, inspiré par l'anthropologie de Marcel Mauss, il entreprend un dialogue avec les urbanistes du ministère de la Reconstruction [Chombart, 1951]. Son impulsion est à l'origine d'un développement important de la sociologie urbaine en France, en réponse à des commandes de plus en plus nombreuses de l'État. Mais la fonction de cette sociologie ne consiste pas seulement à répondre à des questions immédiates et pratiques. L'intérêt de Chombart de Lauwe est centré sur la classe ouvrière, classe urbaine vivant et travaillant dans les villes, habitant des logements spécifiques. Alors que la société française s'oriente vers un modèle productiviste, la sociologie urbaine de Chombart se penche sur la question des besoins et des aspirations de la population ouvrière en espace, confort, conditions de vie, transport. Il distingue les besoins-obligations et les besoins-aspirations. Si les premiers répondent à des besoins vitaux, les second relèvent des dispositifs, matériels ou non, grâce auxquels les groupes sociaux peuvent se maintenir en tant que groupes (lieux de sociabilité ou de mémoire par exemple).

Dans cette veine, Chombart de Lauwe reprend dans un contexte différent les études de budget ouvrier inspirées de Maurice Halbwachs. Mais il y intègre les études de communautés locales développées outre-Atlantique par l'école de Chicago des années vingt (voir chapitre III). En effet, la question centrale est de savoir dans quelle mesure les nouveaux quartiers de logements collectifs et sociaux offrent à la classe ouvrière de bonnes conditions de développement en comparaison des quartiers ouvriers existants. En étudiant la transition entre ces formes d'habitat, Chombart de Lauwe a constitué un témoignage important sur les « violences urbaines » [Bachmann et Leguennec, 1996] de l'urbanisation d'après guerre. Ces questions sont particulièrement développées dans deux de ses ouvrages : *Paris et l'agglomération parisienne* [1951] et *Famille et habitation* [1960].

Paris et l'agglomération parisienne, l'espace social d'une grande cité est un ouvrage collectif et interdisciplinaire, modèle encore aujourd'hui pour les monographies de quartiers, l'étude de communautés urbaines et ouvrières et la qualité de la cartographie réalisée par Jacques Bertin. L'originalité de l'ouvrage vient surtout des résultats empiriques des études sur la séparation des groupes dans l'espace urbain et à différents niveaux de la vie quotidienne. Chombart propose même une ethnographie des grandes cités. La première partie, qui s'ouvre sur le thème de la morphologie de Paris, présente une cartographie comparée de statistiques électorales, de données sur la population et le logement, sur la localisation de professions (avoués, notaires, polytechniciens, inspecteurs des finances...), les enterrements civils, les décès par tuberculose, la délinquance juvénile et, enfin, la résidence des employés ou ouvriers d'entreprises parisiennes typiques (grands magasins de mode comme les Galeries Lafayette et le Printemps, usines de construction automobile Renault et Panhard).

L'opposition est/ouest qui se dégage de ces cartes reflète des diversités sociales et des mondes culturels différents. Comment expliquer ces disparités ? L'une des hypothèses envisagées est celle des rapports sociaux. En observant la carte des relations sociales de familles bourgeoises et de familles ouvrières, d'importantes variations apparaissent, qu'il s'agisse du nombre de relations (plus important dans les familles bourgeoises), de leur localisation (à l'ouest ou à l'est), de leur mode de dispersion (centrée sur le quartier pour les familles ouvrières). Ces résultats montrent le degré d'importance accordé aux relations sociales locales, variable selon les groupes sociaux.

Relations sociales

« Quels sont les amis ou relations que vous avez vus cette année, qui sont venus chez vous ou chez qui vous avez été (exception faite des soirées ou surprises-parties ou réunions impersonnelles) ? »

(chaque point représente un ami ou relation)

Cinq familles du nord du 16ᵉ

Cinq familles ouvrières du 13ᵉ

« Le bourgeois ignore la plupart du temps jusqu'au nom des locataires de sa maison. Ses contacts avec les commerçants, dans la mesure où ce ne sont pas les domestiques qui font les courses, sont très lâches et superficiels. Le "quartier" en tant que tel, dans la plénitude de sa vie quotidienne, importe peu dans ses relations. L'ouvrier, bien qu'il n'en parle pas tant elles sont naturelles, a des relations beaucoup plus profondes avec ses voisins, avec les gens du quartier auxquels il parle tous les jours. Ces relations tiennent une place considérable dans sa vie quotidienne, tant par les soucis qu'elles suscitent que dans la solidarité qui se manifeste par elles. Quant aux relations de travail, ici encore, il faut noter la diffusion beaucoup plus grande des relations en milieu ouvrier qu'en milieu bourgeois. Ces relations ont une grande importance affective en milieu ouvrier, et en milieu bourgeois sont plus généralement des relations au sens étroit, parfois des relations d'affaires. »

Source : Chombart de Lauwe
[1951, p. 106].

Ces divergences se traduisent dans l'espace géographique. En étudiant la localisation des commerces d'un quartier ouvrier du 13ᵉ arrondissement, Chombart note que les commerces de proximité s'installent plutôt dans les petites rues, alors que les commerces moins quotidiens (achats peu fréquents : vêtements, chaussures...) s'implantent le long des avenues et des grands boulevards. On atteint là une intimité du quartier ouvrier, où les allées et venues des enfants nécessitées par l'approvisionnement quotidien (le réfrigérateur n'était pas dans tous les foyers) structurent le mouvement de la rue. Ainsi la notion de quartier renvoie-t-elle aux limites sociales que se fixent les groupes dans leurs déplacements et leurs fréquentations. Navez-Bouchanine [2007] relève que dans les villes marocaines traditionnelles et populaires, « le thème de la vie de village mis en avant par les habitants renvoie souvent à l'échelle du dherb, un voisinage relativement proche qui représente la base physique d'une interconnaissance et d'une proximité bienveillante, solidaire, fondé sur des échanges relativement codés et limités entre habitants ». Cette « vie au village » peut ne concerner qu'une partie des habitants, les femmes au foyer, les enfants en bas âge, les inactifs, et n'intégrer d'autres groupes — hommes, actifs — qu'à certains moments importants de la vie quotidienne (célébrations, maladies, décès).

Comment se déroule alors la rénovation urbaine de l'après-guerre dans les quartiers populaires vétustes ?

Une première étude a été menée, outre-Manche, par Young et Willmott [1957]. Pour ces chercheurs, la famille constitue un élément structurant fondamental du quartier ouvrier de Londres qu'ils étudient. Les relations mère-fille sont au centre des relations sociales pour des aides tant financières que matérielles. Avec le relogement hors de Bethnal Green, les réseaux de solidarité se distendent : « Les parents ne sont plus ces voisins qui partageaient l'intimité de la vie quotidienne » (p. 176). Ainsi les ménages qui avaient le sentiment de subir la sociabilité populaire sont-ils satisfaits de leur relogement et se centrent sur leur foyer familial. De même Herbert Gans constate-t-il les effets négatifs de l'*urban renewal* sur un quartier italien de Boston [1962]. *The Urban Villagers* rompt avec le diagnostic autorisé des quartiers populaires promis à la « rénovation bulldozer ». Après huit mois d'observation participante résidentielle, le sociologue relève l'existence d'une « société de groupe de pairs » fondée sur la catégorie sociale et l'ethnicité. Organisés autour de la famille, les rôles conjugaux sont extrêmement ségrégués selon le genre et centrés sur les adultes alors que le modèle de la classe moyenne promeut l'enfant et l'école comme facteurs de mobilité sociale et d'accession à la consommation. Des habitants se mettent ainsi à distance du « monde extérieur » représenté par l'entreprise, l'école et les institutions médicales, et surtout les travailleurs sociaux qu'ils perçoivent comme les « missionnaires » des valeurs de consommation des classes moyennes.

En 1966, Henri Coing étudie une opération du même type à Paris. Mais son ouvrage, *Rénovation urbaine et changement social*,

Confort communautaire ou confort résidentiel

« Plus de la moitié de l'échantillon-mariage de Bethnal Green a de la famille dans l'une des six cités du London Country Concil disséminées dans l'Essex. Leur rendre visite ou rester chez eux est une expérience qui élargit les horizons et fait monter les aspirations. C'est l'occasion de découvrir une maison neuve et un mode de vie nouveau. Quand une femme a vécu toute sa vie en immeuble ou dans un pavillon crasseux, serrée dans trois pièces, et que sa sœur lui montre fièrement sa jolie maison d'Hainault, avec un jardin autour, quoi d'étonnant à ce que l'admiration se teinte parfois d'envie, ou que ce bon vieux Bethnal Green paraisse plus minable au retour. Un informateur de Bethnal Green n'aimait pas du tout aller voir ses sœurs parce que "après ça me porte sur les nerfs de voir mon coin sombre" ; un autre parce que "c'est démoralisant de les voir dans un endroit aussi agréable et de revenir ensuite dans ce trou". »

Source : Young et Willmott [1983, p. 150].

n'en tire pas les mêmes conclusions [1966]. Le récit de la rénovation d'un îlot insalubre de Paris montre le processus d'adaptation auquel sont confrontés les habitants, relogés ou non dans un immeuble neuf. Le quartier présente pour ses habitants un centre de vie auquel ils sont affectivement attachés. La proximité des lieux de travail, l'activité commerciale, les lieux de mémoire, la similarité des conditions de vie familiale font de cet espace une unité de vie sociale, voire une communauté. La rénovation, qui implique des expropriations, des démolitions, des relogements, non seulement modifie le paysage, la structure commerciale et démographique du quartier, déracine les habitants, mais surtout déstructure les habitudes des populations ouvrières en termes budgétaires, de rapport au travail et de sociabilité locale. Le bilan social montre la nécessité de préserver des quartiers présentant une unité de vie sociale et de favoriser la participation des habitants.

En définitive, même si la description des solidarités locales diverge, la fin des quartiers-communautés ouvriers traditionnels semble bel et bien annoncée.

Besoins collectifs et unité sociale dans les grands ensembles

Comment ces changements se traduisent-ils dans la vie du grand ensemble vers lequel ces populations sont déplacées ?

Dans *Famille et habitation*, le Centre d'étude des groupes sociaux constitué par Chombart de Lauwe rapporte le résultat d'enquêtes menées au début des années 1950-1952 auprès de

1 500 ménages de cités d'habitat social : la Cité radieuse de Nantes, la cité de la Plaine au Petit-Clamart, la Benauge près de Bordeaux. Les sociologues repèrent des modèles différents de pratique de l'espace : les ouvriers sont contraints par les rythmes de la production, auxquels s'ajoutent celui des transports et l'éloignement du réseau de relations familial. Ils témoignent de leur frustration due à la disposition des pièces de leurs nouveaux logements. Ces espaces exercent sur eux une violence, les obligeant à changer leur mode de vie ou à le calquer sur celui des couches moyennes. Enfin, les sociologues constatent des mécanismes de ségrégation, voire d'évitement : par exemple, le départ des cadres de la Cité radieuse. Selon Chombart, ces processus s'expliquent par les aspirations des groupes sociaux, variables selon les conditions budgétaires et l'organisation du temps. Alors que les cadres ont l'impression de vivre au-dessous de leur condition au milieu de ménages trop différents d'eux-mêmes, les ménages ouvriers s'en contentent avec bonheur, vivant le nouveau logement comme une promotion sociale.

Ce diagnostic a permis à des décideurs de prendre conscience des besoins élémentaires en équipement de la population de ces premiers grands ensembles de banlieue. Néanmoins, il n'a pu enrayer le discours optimiste qui faisait du grand ensemble le « creuset de la civilisation de demain » en raison de la cohabitation de groupes sociaux différents. Il n'a pas non plus contré la dénonciation alarmiste du « malaise des grands ensembles » du fait de l'« anonymat des relations sociales », de l'« absence de repères spatiaux », de l'« éloignement des centres de vie », des « banlieues dortoirs ». Pour dépasser ces discours, il convenait de s'intéresser non pas aux populations en tant que telles, mais aux conditions par lesquelles celles-ci se trouvaient conduites à cohabiter.

Les recherches conduites par Jean-Claude Chamboredon et Madeleine Lemaire répondent à cette exigence méthodologique. Elles sont résumées dans un article fondateur paru dans la *Revue française de sociologie* : « Proximité spatiale et distance sociale : les grands ensembles et leur peuplement » (1970). Opposés au principe implicite des enquêtes de Chombart de Lauwe qui reposait sur une étude des aspirations, ces auteurs s'attachent à comprendre comment la population logée est arrivée dans le grand ensemble de Massy qu'ils étudient, par quelles filières d'attribution des logements, avec quel objectif résidentiel. Il s'agit de montrer, en définitive, que la « mixité sociale » dans les grands ensembles n'efface pas les barrières traditionnelles entre les groupes sociaux.

Le fondement des « opinions » sur le grand ensemble

« Paradoxalement, l'attitude à l'égard du grand ensemble est fonction des chances que l'on a de le quitter, donc du degré de liberté par rapport aux contraintes qui définissent les conditions de logement. Il faut beaucoup de naïveté pour interpréter les réponses aux questions générales sur les grands ensembles sans tenir compte de l'ensemble des contraintes qui régissent l'accès au logement, spécialement dans les classes populaires. Là où le sociologue pose la question en termes de goût, là où il croit explorer les arcanes de la sociabilité, vertu non pas dormitive mais associative, les sujets des classes populaires répondent en termes de contrainte : "Ce qui importe c'est d'être logé" (polisseur) ; "il y a tellement de gens mal logés" (femme de couvreur zingueur) ; "je suis favorable au grand ensemble dans le sens où l'on peut loger les gens mal logés" (employée). Ils apprécient les grands ensembles comme une solution à la crise du logement dont ils ont souvent éprouvé personnellement les effets : "Émerveillée, je n'y crois pas, après avoir habité dans des baraquements, c'est formidable" (femme de compagnon maçon). Et ils ne reprennent pas du tout les stéréotypes hostiles que diffuse la presse et que l'on rencontre souvent dans le discours des sujets de classe moyenne ou supérieure : "Pour moi, ça ne me choque pas tous ces gens, ça ne m'est jamais venu à l'idée que ça pouvait être une cage à lapins ou un poulailler comme on dit" (ouvrier qualifié, propriétaire) ; "pour moi, un grand ensemble c'est une caserne, un lieu sinistre, un dortoir" (cadre moyen, propriétaire). »

Source : Chamboredon et Lemaire [1970, p. 3-33].

Premier constat : dans le grand ensemble, aucun groupe social n'étant numériquement majoritaire, il n'existe pas de normes centrales reconnues et/ou transgressées.

Second constat : la population du grand ensemble est préconstruite selon les types d'organismes et les filières qui disposent d'un droit de désignation de locataires, bénéficiaires de droits sociaux. Les organismes d'allocations familiales réservent des appartements pour les mal-logés tandis que d'autres logements, du ressort de la contribution des employeurs à la construction (le 1 % patronal), sont plutôt attribués à des cadres, employés ou ouvriers offrant une garantie de stabilité dans leur emploi. Des représentants d'institutions, comme le préfet ou le maire, ont aussi un pouvoir de désignation en contrepartie de leur participation financière à la construction du grand ensemble. Cette production de la population logée a des effets importants sur la cohabitation de groupes sociaux dont le nombre d'enfants, le niveau scolaire, les trajectoires résidentielles sont hétérogènes.

D'après l'enquête de Chamboredon et Lemaire, les ménages des classes moyennes et supérieures cherchent à développer des relations de service, des « échanges », alors que les ouvriers restent en retrait de ces « relations » qui n'expriment pas une « solidarité communautaire ». Cette distance marque l'échec de l'utopie « qui voit, dans les progrès promis à la classe ouvrière, le contact et l'exemple des classes moyennes et le grand ensemble comme instrument d'une politique civilisatrice » (p. 4). Dès lors, l'opinion sur le grand ensemble dépend étroitement de la « convenance sociale que les habitants reconnaissent au rapprochement spatial de groupes différents ». Ce mécanisme de différenciation joue ensuite sur l'attachement au grand ensemble, qui semble d'autant plus fort que les ménages ont peu de chances de le quitter.

Chamboredon et Lemaire détaillent les phases de cette distanciation. L'installation dans la cité nouvelle est une phase importante où les différences de potentialités économiques se trouvent révélées, dans l'investissement mobilier et décoratif. Ces écarts s'accentuent ensuite sur d'autres terrains de conflit comme la natalité, l'éducation des enfants, le comportement économique. En effet, la valorisation de l'épargne par les couches moyennes correspond à une projection vers l'avenir, c'est-à-dire le départ du grand ensemble et l'accession à la propriété d'un pavillon.

Cet article offre de larges possibilités de généralisation. Il montre que la cohésion sociale dans les grands ensembles s'explique moins par leur forme spatiale et architecturale que par leurs conditions de production [Préteceille, 1973], notamment de leur peuplement.

Ce résultat introduit le thème de la cohabitation dans les grands ensembles. Au début des années 1980, Michel Pinçon étudie le Sillon de Bretagne, opération de logements sociaux réalisée par le Home Atlantique à Saint-Herblain, sur la base d'un projet explicite de mixité sociale. L'étude du peuplement sur le long terme l'amène à constater son échec : les classes moyennes finissent par s'agréger, avec le consentement de l'organisme, sur une partie du grand ensemble. Les familles nombreuses et immigrées se trouvent progressivement isolées dans une autre tour. Mais ce constat ne s'applique pas seulement au mélange de populations de couches moyennes et modestes.

Plus récemment, les travaux de Beaud et Pialoux [2000 et 2003] sur les usines Peugeot de Sochaux-Montbéliard montre les difficultés de coexistence dues à la fragmentation au sein même de la cité ouvrière, autrefois fondée sur la relation au monde du travail. Mais ce bilan négatif sur la mixité n'est pas partout généralisable. Ainsi, l'étude de populations comparables subissant des trajectoires différentes (celles d'habitants restés dans leur

Dynamiques de la mixité sociale

Norbert Elias montre comment s'installe dans une petite ville industrielle et ouvrière une distinction entre « marginaux » et « établis » selon tout simplement la date d'emménagement. Ce principe de classement des familles, en dehors de toute distinction possible en termes de classe ou de couleur de peau, justifie des tensions entre les deux groupes. Les plus anciens (les « établis »), qui se sont forgé des normes voire un code de conduite, considèrent que les plus récemment installés leur doivent le respect. Alors que ces derniers s'installent, sans considérer l'ordre établi, les vieilles familles du quartier les considèrent comme des déviants : « Leur conduite donnait aux anciens le sentiment que tout contact avec eux abaisserait leur position [...] et nuirait au prestige de leur quartier » [1965, éd. de 1997, p. 230]. En définitive, la tolérance ne s'exerce que tant que le groupe marginal et méprisé se comporte conformément à son statut inférieur [Coutant, 2000].

quartier d'origine et celles d'habitants relogés en banlieue) permet de relever l'importance du territoire dans la manière dont les groupes sociaux cohabitent. Le quartier populaire de Saint-Leu à Amiens [Bidou-Zachariasen, 1997] dote la population qui l'habite encore d'un capital social, informationnel et relationnel lui permettant d'aborder plus sereinement la mixité que les ménages qui en sont partis. Cela a été possible grâce à une modernisation respectueuse du tissu traditionnel de l'habitat (maisons mitoyennes, petits collectifs, jardinets). Ainsi le changement social provoqué par la rénovation a-t-il été globalement intégré. Néanmoins, les expériences de déségrégation aux États-Unis, qui consistent à installer des ménages pauvres dans des quartiers riches, font l'objet de bilans controversés en raison de l'instabilité résidentielle qui ne permet guère au quartier de se constituer en monde social intégrateur [De Souza Briggs, 2007]. De même, l'accroissement de la mobilité quotidienne dans les quartiers pauvres a des effets discutables sur l'emploi [Carré, Fol et Philifert, 2007]. Néanmoins, certains sociologues français dénoncent les effets du « ghetto français et du séparatisme social » notamment pour la réussite scolaire [Maurin, 2002].

D'autre part, la qualité des espaces peut amener une autre qualification des populations comme le montre le peuplement populaire de la rue de la République à Marseille, initialement construite pour un habitat bourgeois [Fournier et Mazella, 2004].

De l'usage des seuils

« Dans l'immeuble collectif, entre l'espace extérieur et l'espace intérieur existe une zone intermédiaire, floue, inquiétante : les espaces communs (hall d'entrée, escaliers, cour), qui n'appartiennent ni au "dehors" ni au "dedans". L'espace habité, ainsi qualifié par des signes comme ceux du propre et du sale, est organisé en référence au visiteur qui sera pour ainsi dire autorisé à y pénétrer. Par exemple, les membres de la famille peuvent entrer dans la cuisine, les amis dans la salle à manger, l'inconnu pénètre tout au plus dans l'entrée. L'espace est compartimenté suivant l'usage privé, public ou semi-public (salle de séjour) que l'on compte en faire. »

Source : Haumont [1968, p. 180-190].

Le périurbain pavillonnaire

Si l'une des conséquences des opérations de rénovation urbaine fut de produire une existence centrée sur le foyer (pour reprendre l'expression de Young et Willmot), la critique des grands ensembles contribua fortement à la valorisation de l'habitat pavillonnaire. Comment expliquer que près de la moitié des Français aspirent, dès 1973, à accéder à la propriété d'une maison individuelle et qu'aujourd'hui plus de la moitié des ménages sont propriétaires de leur pavillon ? À son époque, Chombart de Lauwe a bien montré les limites de l'habitat fonctionnaliste et collectif des années de la reconstruction : le logement n'est pas une « machine à habiter » répondant à des besoins fixés une fois pour toutes. Bien que l'habitat individuel ait été dès le XIXe siècle perçu par le patronat industriel comme un mode de pacification des luttes de classes [Raymond et Haumont, 1966], la fonction d'habiter est fondamentale. Ainsi que le rappelle Henri Lefebvre : « Le fait de se fixer au sol, de s'enraciner, est inhérent à l'espèce humaine, [...] la proximité et la distance sociale, l'intimité et l'éloignement sont signifiés par les objets d'usage » (p. 161). Ce besoin d'appropriation peut être étudié par des entretiens et des observations. Dès 1966, Henri Raymond et Nicole Haumont annoncent avec dix ans d'avance la marée pavillonnaire et la rurbanisation. Selon ces auteurs, le pavillon contient des qualités symboliques et pratiques que le logement collectif réunit rarement. La notion de clôture, par exemple, renvoie à une séparation du dedans et du dehors, de la sphère de la vie privée et de la vie collective, le coin de l'homme et de la femme, le propre et le sale, l'intime. Le passage entre les espaces privés et communs nécessite un ensemble de rites, différents selon les milieux culturels et nationaux. Le pavillon offre donc un système symbolique et pratique qui met en ordre la vision du monde et de la famille des couches moyennes.

Ces éléments symboliques renvoient au processus d'appropriation, aux significations données aux espaces de la vie quotidienne. S'approprier un lieu nécessite de pouvoir y fixer son empreinte, ce qui n'est souvent possible qu'à condition de s'y sentir en sécurité et de bénéficier de repères cognitifs [Bernard, 1992].

Mais le monde du pavillon renvoie aussi au mode de développement de l'accession populaire et à la constitution d'un nouveau marché économique [Topalov, 1987]. Bien qu'atomisée en plusieurs milliers d'entrepreneurs, la production de maisons individuelles contribue au phénomène majeur de l'étalement urbain de ces dernières années (qualifié métaphoriquement d'*urban sprawl* par les Américains). Il correspond aussi à une importante demande en transports individuels et collectifs. En France, le concept de « rurbanisation » désigne cette nouvelle urbanisation du monde rural et, inversement, une certaine ruralisation du monde urbain [Bauer et Roux, 1976]. De nombreux ménages doivent effectuer de véritables sacrifices et « mobiliser » des valeurs morales d'économie de temps et d'argent pour réussir leur accession à la propriété. Selon Pierre Bourdieu : « La maison individuelle [...] tend peu à peu à devenir le lieu de fixation de tous les investissements : ceux qui sont impliqués dans le travail — matériel et psychologique — qui est nécessaire pour l'assumer dans sa réalité souvent si éloignée des anticipations ; ceux qu'elle suscite à travers le sentiment de la possession, qui détermine une sorte de domestication des aspirations et des projets, désormais bornés à la frontière du seuil, et enfermés dans l'ordre du privé [...] ; ceux qu'elle inspire en imposant un nouveau système de besoins, inscrit dans les exigences qu'elle enferme aux yeux de ceux qui entendent être à la hauteur de l'idée (socialement façonnée) qu'ils s'en font » [2000, p. 223]. Le tableau 1 montre que, comme dans le grand ensemble, aucune catégorie sociale n'est majoritaire dans le monde pavillonnaire. On observe les mêmes proportions que dans la population totale française. Les ouvriers représentent plus d'un tiers des propriétaires de maisons, les deux autres tiers étant constitués des professions intermédiaires et des employés. Néanmoins, le pavillon correspond à un logement très prisé par les retraités (30 % des propriétaires), de milieux populaires pour la moitié d'entre eux. On

Tableau 1. **Composition sociale des propriétaires**
de maison individuelle
(classement par ordre décroissant)

Catégorie sociale	En %	Catégorie détaillée	Population totale en %
Ouvriers	35,5	Dont retraités ouvriers 12,2 % ; ouvriers qualifiés industriels 8,3 % ; ouvriers qualifiés artisans 4,7 %	36,2
Professions intermédiaires	17,6	Dont retraités intermédiaires 5,5 % ; techniciens 3,9 % ; intermédiaires administratifs 3,3 %	16,9
Employés	16	Dont employés retraités 5,5 % ; contremaîtres 3,9 % ; employés du secteur public 2,6 %	16,5
Cadres, professions intellectuelles	10,4	Dont retraités cadres 2,8 % ; ingénieurs 2,5 % ; cadres administratifs d'entreprise 2,2 %	11
Artisans, commerçants	9,6	Dont artisans 3,9 % ; retraités artisans commerçants 3,8 % ; commerçants 1,9 %	7,6
Agriculteurs	6,8		5,6
Autres sans activité prof.	4,8		6,2
Total	100		100

Source : d'après l'enquête « Logement » de l'INSEE de 1984.
Statistiques reconstituées par P. Bourdieu [2000, p. 108].

regrette cependant que la statistique ne permette pas de distinguer les maisons individuelles construites en série et à l'économie de celles destinées à une clientèle plus aisée.

Mais, si le pavillon nous paraît être l'expression d'un modèle culturel, cette forme recouvre de fortes disparités nationales. En Amérique du Nord, la banlieue et la maison individuelle sont devenues un phénomène de masse à partir des années trente, grâce à l'intervention de l'État fédéral dans le domaine des taux d'intérêt immobiliers et des réseaux de transport [Ghorra-Gobin, 1998]. Levittown (État de New York) est l'illustration de cette politique dans l'après-guerre. Ce quartier pavillonnaire de Long Island couronne l'initiative d'un homme d'affaires, William Levitt, qui conçoit de construire en série des maisons

Les communautés fermées (*gated communities*)

Le terme *gated communities* désigne des quartiers résidentiels dont l'accès est contrôlé, interdit aux non-résidents, et dans lequel l'espace public (rues, trottoirs, parcs, terrains de jeux…) est privatisé. Ils représentent aujourd'hui entre 10 et 30 % des lotissements neufs aux États-Unis, et sont aussi présents en Amérique latine, en Afrique du Sud, et aussi en Europe et en Asie. Les plus petits ont moins de 100 habitants, les plus grands 20 000. La présence d'équipements plus ou moins luxueux distingue les *gated communities* des immeubles en copropriété sécurisés qui n'incluent souvent qu'un patio ou un parking comme espace collectif. La fermeture physique et la sélection sociale de ces projets posent des problèmes inédits aux métropoles confrontées au morcellement de la ville en communautés homogènes et autarciques, en quête d'une indépendance politique et fiscale. Leur existence et leur importance relative ouvrent le débat sur la supposée sécession de la ville [Charmes, 2006].

individuelles préfabriquées à un prix abordable pour les couches moyennes blanches. Dès 1956, William H. Whythe décrit dans *The Organization Man* le processus d'homogénéisation des modes de vie auquel participe la maison individuelle. En Espagne, le secteur de l'accession à la maison individuelle qui représente les trois quarts des ménages est aidé par l'État alors que le logement collectif social est moins représenté qu'en France. Mais, à la différence de ce pays, le pavillon accueille souvent la famille élargie.

La centralité retrouvée dans les quartiers anciens

Après l'époque des « trente glorieuses », le ralentissement de la croissance et la critique d'un urbanisme fonctionnaliste et autoritaire ont remis au goût du jour les centres anciens des villes [Jacobs, 1961]. Ce retour au centre concerne la ville traditionnelle européenne généralement composée de monuments, de lieux de culte, de symboles d'appartenance et de pouvoirs, soit autant de points de référence, de *landmarks*, dans la représentation mentale des habitants. Il met partiellement fin à la crise du centre qu'ont vécue les États-Unis dans les années 1950, avec l'expansion des *suburbs*, et la France dans les années 1960, avec les banlieues nouvelles. Beaucoup de lieux centraux, jusqu'alors peuplés par les plus défavorisés et occupés par des activités marginales, connaissent une réhabilitation. Le Marais à Paris, le Barrio Chino à Barcelone illustrent ce nouveau cycle de valorisation. Dès 1963, Ruth Glass qualifiait ce processus de « gentrification ».

La réhabilitation ne se déroule pourtant pas sans difficultés. À la fin des années 1990, à Marseille, le quartier très vétuste de Belzunce évolue avec difficulté : plus de la moitié des logements y sont vacants. De même, en Amérique du Nord, les friches urbaines de quartiers proches du centre de Chicago ou de New York témoignent d'une désaffection. Elles sont souvent occupées par des minorités ethniques ne possédant pas de moyens de locomotion. Néanmoins, une volonté de retrouver une certaine centralité s'exprime dans de nombreux pays : les rues piétonnières pseudo-médiévales, les commerces, échoppes et boutiques d'artisanats « authentiques », les immeubles dits « anciens » aux poutres apparentes, les terrasses de café voudraient exprimer l'urbanité retrouvée : naturalité, historicité, ludicité [Bourdin, 1984].

La reconquête des centres dépend beaucoup de l'habitat, qu'il s'agisse de la stratégie patrimoniale des propriétaires fonciers et immobiliers [Lévy et Saint-Raymond, 1992] ou de l'implantation résidentielle de groupes sociaux, médiateurs entre les occupants installés de longue date (immigrés, personnes âgées) et les populations aisées qui s'implanteront dans un second temps. En étudiant la réhabilitation du vieux Lyon, Jean-Yves Authier [1996] identifie trois grandes catégories de nouveaux venus. Les « accédants culturels » sont de jeunes couples d'actifs issus des couches moyennes salariées, disposant d'un capital culturel. Le quartier ancien répond à leur quête d'historicité et de convivialité. Les « accédants techniques » sont des ménages moins jeunes, issus des franges supérieures de la classe ouvrière. La volonté de devenir propriétaire domine leur projet d'installation. « Enfin, la troisième grande catégorie de nouveaux venus, numériquement la plus nombreuse, est celle constituée par les nouveaux locataires : dans cette catégorie se trouvent principalement de jeunes individus, souvent célibataires, issus de milieux sociaux divers, qui poursuivent des études supérieures, tout en exerçant bien souvent une activité professionnelle souvent précaire (dans des milieux socioculturels ou artistiques). À l'instar des "accédants techniques", leur venue dans le quartier s'inscrit avant tout dans une logique fonctionnelle — il s'agit pour eux de se loger — même si leurs comportements revêtent parfois aussi une dimension culturelle et/ou communautaire. Plus précisément, pour ces individus disposant d'une liberté de choix résidentiel plus limitée, le quartier ancien représente principalement un lieu où il est possible de trouver (éventuellement pour la première fois) un logement, et secondairement un espace

Description d'un « lieu branché »
dans un quartier populaire de Paris

« Au numéro 109, c'est un tout autre monde avec le Café Charbon, l'un des établissements phares du quartier. Ici il y avait un bougnat, qui vendait du charbon tout en tenant un estaminet et en proposant également cigarettes et cigares, de "luxe" comme le revendique une vieille enseigne. La salle, agrandie par les vastes miroirs qui couvrent généreusement les murs, est bien représentative du style des établissements du quartier. Le vieux comptoir en zinc est éclairé par des lamparos, qui ont aidé autrefois les pêcheurs de Catalogne à attirer le poisson. Les sièges ont aussi quelque chose d'une collection. Des fresques en descente de plafond, dans un style impressionniste faisant songer à Manet ou Toulouse-Lautrec, ont un caractère moins saugrenu. Mais la clientèle est ici la même qu'au Mécano et dans les autres bars : plutôt jeune, très mode dans la façon de se vêtir, proche des publicités qui paraissent dans *Nova*. »

Source : Pinçon et Pinçon-Charlot [2001, p. 304].

de vie convivial, marginal, un peu bohème » (p. 143). On peut deviner que ceux-là jouent souvent le rôle de pionniers, introduisant de nouvelles habitudes dans le quartier : circulation cycliste et roller, lieux dits « branchés » commémorant (déjà) le vieux quartier populaire et/ou ethnique d'antan [Pinçon et Pinçon-Charlot, 2001].

Ce processus progressif d'embourgeoisement est lié à des politiques publiques. En France et en Amérique du Nord, les quartiers anciens centraux ne sont plus traités de manière autoritaire. L'incitation à la réhabilitation par les pouvoirs publics se fait par le biais de subventions aux propriétaires privés (France) ou à des associations communautaires privées dûment mandatées (États-Unis). La reconquête des centres se fait donc en douceur, sur le long terme, de manière quasi invisible, comme si elle était spontanée. Dans cette dynamique de ségrégation douce, le terme de « quartier » est maintes fois utilisé par les commerçants, les personnalités politiques, les associations d'habitants, les résidents qui se déclarent à la recherche d'une identité ou d'une communauté. On peut se demander si le concept de quartier ne sert pas, dans ce cas précis, à atténuer les enjeux réels de la reconquête des centres : une nouvelle division sociale de l'espace urbain, la persistance de logements vétustes [Lévy-Vroelant, 2000], des populations socialement précaires, reportées en banlieue.

En définitive, la ville nous apparaît comme une forme physique construite par une action collective qui renvoie à des phénomènes de représentation. On peut étudier l'image de la ville selon des critères physiques, à la manière de l'urbaniste

La gentrification

Le terme « gentrification » a été créé, en référence métaphorique à la *gentry*, par la sociologue anglaise Ruth Glass dans son analyse des transformations sociales de Londres, au début des années 1960 : « L'un après l'autre, nombre de quartiers populaires de Londres ont été envahis par la classe moyenne — supérieure et inférieure —, de petites maisons modestes de piètre apparence, deux pièces au rez-de-chaussée et à l'étage, ont été reprises en fin de bail et sont devenues des résidences élégantes et chères. Des maisons victoriennes, qui avaient perdu leur statut plus ou moins récemment et avaient été divisées en appartements ou transformées en meublés, ont retrouvé leur lustre... Quand ce processus de « gentrification » démarre dans un quartier, il s'accélère jusqu'à ce que la plupart des habitants ouvriers d'origine aient été écartés et que le profil social d'ensemble du quartier ait été changé » [Glass, 1963]. Les débats anglo-américains sur la gentrification ont désigné les acteurs de celle-ci comme appartenant à la *middle-class*, terme relativement flou — plus *upper-middle* dans l'acception britannique, plus extensive vers le haut et le bas aux États-Unis [Ley, 2003]. Les chercheurs se sont cependant intéressés aux caractéristiques d'innovateurs sociaux des « gentrifieurs », habitants pionniers de la transformation des quartiers populaires valorisant la notion de quartier-village malgré leur forte mobilité quotidienne [Frish et Capron, 2007]. Les effets de la gentrification sur les quartiers populaires font l'objet de débats [Slater, 2006 ; Atkinson, 2004]. Les modes de relation entre les nouveaux habitants et les anciens ont été étudiés. Smith [1996] a développé l'idée de « gentrification revanchiste » pour désigner le retour des classes moyennes dans des quartiers qu'elles avaient désertés et les actions militantes dures qu'elles mènent afin d'imposer un nouvel ordre spatial. Dans ce cadre, une prise en compte de la position des politiques publiques s'avère pertinente [Fijalkow et Préteceille, 2006 ; Hamnett, 2003].

Kevin Lynch [1976]. Selon cet auteur, un espace « lisible » et appropriable par les habitants doit disposer d'une identité et d'une structure : une ville est perçue par les habitants en fonction de ses voies, de ses limites, de ses nœuds, de ses points de repère, de ses quartiers. Mais, pour le sociologue, la pratique de ces espaces ne peut être étudiée sans tenir compte de leurs contenus sociaux et des représentations qu'en ont les citadins. La proximité spatiale forcée de groupes sociaux différents se traduit localement par des conflits et des mises à distance. Ainsi certains espaces urbains sont-ils dits « attractifs » alors que d'autres (la cage d'escalier, le centre commercial, telle ou telle rue) suscitent l'évitement [Rémy et Voyé, 1992]. Il convient donc d'intégrer l'étude des relations entre l'espace physique et les groupes sociaux pour comprendre comment ceux-ci s'intègrent dans la ville. Tel est le projet de l'écologie urbaine, étudié dans le prochain chapitre.

Quelques exercices d'application

Essayez d'élaborer une étude pour répondre à ces questions et retrouver les théories sociologiques étudiées

Comment les acteurs urbains (agents immobiliers, pouvoirs publics, habitants...) expliquent-ils les variations de prix immobiliers dans un quartier ?
Comment se constituent les lieux de mémoire des groupes sociaux constitutifs d'un quartier ?
Comment s'établissent les « connaissances » et « relations » de quartier ?
Comment décrit-on son voisin selon le type d'habitat et de quartier ?
Comment marque-t-on son occupation de l'espace dans un immeuble collectif, neuf ou ancien, et dans un pavillon ?

III / La ville, un ou des modes de vie

La ville évoque couramment un rassemblement d'univers et de cultures différents. Certains discours la présentent comme le creuset d'une civilisation métissée, néanmoins caractérisée par des habitudes communes, un mode de vie.

Si le niveau de vie mesure, en économie, la capacité d'achat des ménages, le mode de vie renvoie aux habitudes de consommation socialement constituées par un groupe relativement homogène et intégré. Dès le début du siècle, sociologues et géographes constatent que le mode de vie se construit en interaction avec l'environnement. L'homme s'adapte à son milieu, qui résulte à son tour de l'action humaine. La ville n'échappe pas à cette règle : elle est un « milieu écologique » entraînant, en raison de la diversité et de la densité des populations, des conditions de vie spécifiques. Mais, alors qu'elle devrait susciter un modelage, une unification des comportements, les sociologues de l'école de Chicago observent au contraire une multiplication des petits groupes d'appartenance, un développement des excentricités, voire des déviances.

Comment en est-on arrivé à ce constat paradoxal ? Dans quelle mesure les recherches de l'école de Chicago sont-elles utilisables aujourd'hui face aux questions de l'« intégration » de populations modestes et immigrées, de la « ségrégation dans la ville », de l'« explosion des violences urbaines » ? Ce chapitre s'attachera en premier lieu à découvrir les « aires morales » de Chicago décrites par les premiers sociologues urbains américains. Leur modèle théorique sera ensuite abordé pour étudier les logiques de ségrégation et d'agrégation des classes sociales dans la ville d'aujourd'hui. Il sera enfin élargi à l'espace public, lieu de rencontre des différentes façons de vivre l'urbain.

L'école de Chicago

Le contexte urbain d'une sociologie urbaine

Chicago est considéré comme le lieu de naissance de la socio-logie urbaine. Selon Yves Grafmeyer et Isaac Joseph [1979], qui ont traduit et introduit les textes fondateurs de ce courant en France, l'actualité de cette approche vient de sa méthode. Elle consiste, selon l'expression d'Ulf Hannerz [1983], à « explorer la ville », ses quartiers, ses institutions, ses réseaux, les communautés ethniques et professionnelles, divers types de citadins : l'étranger, le sans domicile fixe, le vagabond. Jean-Michel Chapoulie [2001] rappelle le contexte urbain de cette sociologie. Chicago, bourgade de 4 500 habitants en 1840, en compte 2,7 millions en 1920. Offrant des services administratifs et des débouchés commerciaux aux plaines agricoles du Middle West, elle devient dès le début du siècle un nœud ferroviaire, attirant des usines sidérurgiques. La moitié de la population de la ville est d'origine étrangère, d'Allemagne et d'Irlande (première vague d'immigration), mais également de Pologne, de Russie, d'Italie (seconde vague). Après 1914, Chicago accueille des Noirs venant des États ruraux du Sud. La croissance démographique et l'industrialisation transforment radicalement la ville. On assiste alors au développement de vastes zones de taudis tandis que des luttes ouvrières, des émeutes raciales et des phéno-mènes de délinquance organisée apparaissent.

Ainsi, la cohabitation de populations, dont les modes de vie et les langues sont fort éloignés, peut contredire l'idéologie américaine du *melting-pot*, soucieuse d'intégration. Dès la fin du XIXᵉ siècle, un mouvement philanthropique de réforme sociale implante dans les secteurs déshérités des *settlements*, services sociaux et culturels destinés aux couches populaires. Ceux-ci constituent un réseau d'observateurs sociaux qui fournissent les premiers éléments des enquêtes sociales sur les différents quar-tiers et milieux de Chicago. Ils interrogent les pratiques du travail social et la politique municipale dont ils sont souvent des acteurs. Les premiers enseignants de sociologie de l'université de Chicago sont issus de ce mouvement.

Deux précurseurs : Charles Booth et Georg Simmel

Deux approches de la ville cohabitent dans les textes de l'école de Chicago écrits entre 1914 et 1939. Une première conception renvoie aux techniques de l'enquête sociale en milieu urbain, déjà pratiquée par Charles Booth à la fin du XIXᵉ siècle en Angleterre. Celle-ci étudie la ville comme une configuration spatiale en mutation, révélatrice des rapports entre les groupes sociaux. L'autre approche, développée vers 1900 par le sociologue allemand Georg Simmel, envisage la ville comme la condition du citadin, impliquant une mobilisation de ses attitudes.

Les enquêtes de Charles Booth sur les modes de vie des pauvres de Londres s'étalent de 1886 à 1903. Elles proposent une vision rationnelle et statistique de la pauvreté urbaine dans la continuité du mouvement hygiéniste [Fijalkow, 1998]. Conformément à leur titre, *Labour and Life of the People*, elles reposent sur une double enquête par district et par groupes d'activités industrielles. La méthode de collecte de données consiste en une synthèse statistique de fiches de familles, établies par des visiteurs d'organisations charitables, des informateurs administratifs, des instituteurs, la police, le clergé. Both établit une classification sociale, distinguant « statuts sociaux » dans l'entreprise et « conditions » de vie. Sur le plan urbain, son innovation consiste à introduire la cartographie statistique. Comme le note Christian Topalov [1991], ce choix n'est pas innocent à une époque où l'eugénisme recommande la stérilisation des « inadaptés », l'une des classes définies par Booth [Szreter, 1996]. Bien que la majorité des savants de l'époque considère que l'inadaptation sociale est héréditaire, Both pense que l'environnement urbain est responsable des maux sociaux constatés par les classes dominantes. Pour lui, la pauvreté est situationnelle, variable selon la composition sociale des rues qu'il étudie. L'action publique d'urbanisme trouve un fondement dans cette interpénétration des analyses sociale et spatiale : « Dès que la classe A (la plus pauvre) prend possession d'une rue, celle-ci est mûre pour être détruite et doit l'être [...] une politique constante de dispersion doit être conduite par l'État pour lutter contre elle » [cité par Topalov, 1991]. La carte de la pauvreté établie par Booth pour chacune des rues de Londres se révèle un outil indispensable aux mains des gouvernants.

La posture de Georg Simmel se présente sous un jour plus théorique que celle de Booth, même s'il tente lui aussi de répondre à la question de l'influence de l'environnement urbain sur le mode de vie des citadins. En 1903, Simmel publie un texte, « Métropoles et mentalités », dans lequel il développe le lien entre les caractéristiques de la ville et les dispositions de l'individu.

Comment expliquer « le caractère intellectualiste du psychisme citadin comparativement à celui de la petite ville qui est beaucoup plus fondé sur la sensibilité et les rapports affectifs ? » [cité dans Grafmeyer et Joseph, 1979, p. 62]. Selon Simmel, la ville « intensifie la stimulation nerveuse » (p. 62). Elle est le lieu du marché, de l'économie monétaire, de la division du travail et de la spécialisation des tâches professionnelles. L'échange marchand, l'usage généralisé de la monnaie entraînent une dépersonnalisation des liens entre les individus qui se construisent à partir d'intérêts. Simmel établit un rapport entre cette dépersonnalisation et le processus de « désocialisation », c'est-à-dire de relâchement des liens avec le groupe d'origine auquel l'individu est affectivement attaché (famille, communauté). L'urbanisation oblige l'individu à s'inscrire dans un nouveau groupe d'appartenance, que Simmel appelle « secondaire ».

Or la tension entre groupes d'appartenance primaire et secondaire s'exprime dans la ville. Le citadin ne cesse d'être mis en présence de situations nombreuses, contrastées et rapprochées. La rapidité à passer d'une situation à l'autre conduit le citadin à la « réserve », à l'« attitude blasée ». Simmel explique cette attitude par une stratégie de protection due à une incapacité à réagir devant tant de stimulations. L'élargissement du cercle social et cette attitude de réserve font que la liberté personnelle du citadin s'accroît. Celui-ci éprouve de la difficulté à exister aux yeux des autres et à ses propres yeux, ce qui le conduit aux bizarreries et aux extravagances.

Les hypothèses de Simmel sont au centre de l'enquête de William Isaac Thomas et Florian Znaniecki, *Le Paysan polonais en Europe et en Amérique* [1916]. Ces premiers sociologues de Chicago ont collecté du matériel de première main constitué de documents personnels — lettres privées, journaux intimes, autobiographies — provenant de lecteurs de journaux polonais aux États-Unis. La correspondance de cinquante familles, en Europe et aux États-Unis, permet d'étudier les expériences subjectives des individus, de comprendre les processus de désorganisation sociale des familles et des communautés ainsi que les conflits de normes induits par la migration dans la grande ville américaine.

Le modèle écologique de l'école de Chicago

Le modèle écologique de l'école de Chicago peut être considéré comme un héritage de la cartographie sociale de Charles Booth.

Il décrit la ville comme une mosaïque d'« aires naturelles » dont le découpage et l'articulation découlent de processus sociaux. Dès 1925, Ernest W. Burgess propose un modèle de cercles concentriques qui permet de visualiser les phases d'extension urbaine et les aires qui se différencient au cours du temps.

L'expansion se fait à partir du centre d'affaires de la ville. Celui-ci contient diverses fonctions urbaines qui s'autonomisent ensuite dans les différentes zones. La première couronne autour du centre comporte les industries et des zones d'habitat détérioré et de pauvreté. Ces espaces servent de point d'entrée aux « invasions » des esprits « créateurs et contestataires » et des « colonies d'immigrants » tels le ghetto, la Petite Sicile, la ville grecque, la ville chinoise. À partir de là débute l'enclave du quartier noir (figuré par un trait épais transversal). La deuxième couronne est habitée par les ouvriers de l'industrie et du commerce ayant quitté la zone précédente du fait de sa détérioration mais qui restent proches de leur lieu de travail. C'est aussi une zone de deuxième installation pour l'immigrant ou ses enfants devenus adultes. La troisième couronne abrite les quartiers résidentiels de maisons de rapport et de pensions de famille. La quatrième zone est celle des *commuters* (ou migrants pendulaires), propriétaires de maisons individuelles en périphérie et travaillant au centre.

Ce schéma simplifié de la croissance de la ville est un modèle spatial. En effet, chaque zone a tendance à étendre son territoire sur la zone immédiatement voisine. Mais le schéma de Burgess montre surtout la « carrière urbaine du citadin ». Selon lui, l'aire de l'habitat détérioré, où commence la carrière urbaine du migrant, est une aire de « régénération ». Ceux qui y habitent sont « tous préoccupés par la vision d'un monde nouveau et meilleur ». À l'étape suivante, les « ghettos » ethniques offrent une sécurité communautaire bien que normative. Ainsi, des quartiers dits de « second établissement » attirent hors de leur lieu de socialisation primaire les nouvelles générations qui veulent s'affranchir de la communauté ou ont « réussi ». Ces espaces, de moindre concentration ethnique, apparaissent en marge des « ghettos ». Dans cette dynamique, les mobilités de tous ordres, géographique, échangière ou même communicationnelle [Calvet, 1994] sont fondamentales. Elles paraissent être le véritable pouls de l'agglomération. Elles expliquent les mouvements de population dans les différents quartiers de la ville et l'« état d'esprit » des citadins, cher au projet de Simmel. Néanmoins, ce modèle concentrique a été récemment mis en cause par Soja [2000] selon lequel Los Angeles, ville « excentrique », « fragmentée » et « fractale », constitue le modèle urbain de la ville capitaliste mondialisée menacée par les risques sociaux et environnementaux de tous ordres. De plus, l'hypothèse d'une insertion économique et culturelle, progressive et ascensionnelle des migrants dans les différents espaces de la ville est invalidée à Naples [Miranda, 2007].

Schéma type de Chicago selon Burgess

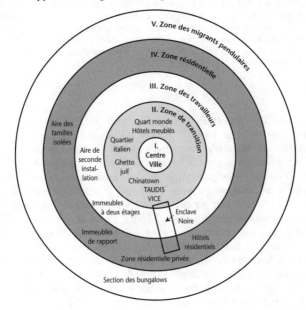

Source : Burgess [1925].

Invasions et successions

Selon un autre chercheur de Chicago, Roderick D. Mac Kenzie [1925], l'écologie humaine se définit comme l'« étude des relations spatiales et temporelles des êtres humains en tant qu'affectées par des facteurs de sélection, de distribution et d'adaptation liés à l'environnement ». Elle exclut donc l'étude de

Le commerce, point d'entrée des invasions

« L'implantation d'un commerce asiatique a, en dix ans, totalement changé la physionomie du réseau commercial du quartier de la porte d'Ivry. Beaucoup de commerçants français se plaignent de cet "envahissement" qui les "chasse" et auquel ils "ne peuvent pas résister". Les médias se sont fait l'écho de ces plaintes. Il nous a paru intéressant, pour éclairer l'analyse des relations interethniques dans le quartier, de reconstituer l'histoire de cette implantation » (p. 56).

« C'est l'échec de l'animation commerciale des Olympiades qui a permis l'implantation du commerce chinois au tournant des années 1980. La localisation des boutiques et surtout des ateliers va dans le sens de cette hypothèse : en dehors des restaurants de la dalle, ce sont les zones les moins animées des galeries qui ont vu apparaître les boutiques des Chinois. Quant aux ateliers, ils s'installent dans les "bras morts" des galeries, les passages les moins fréquemment empruntés : couloir à gauche de l'entrée, se terminant en cul-de-sac, fond de la galerie ouvrant sur la rue Regnault » (p. 62).

Source : Guillon et Taboada Leonetti [1986].

facteurs héréditaires et biologiques, mais intègre la possibilité d'innovation et de mobilité propre à l'homme confronté à son milieu. Cette étude du changement social local s'attache aux cycles d'ajustement entre population et ressources, sachant que l'implantation de nouvelles industries ou des innovations relatives aux moyens de transport peuvent mettre cet équilibre en cause. Mais Mac Kenzie souligne surtout parmi les processus de changement les « invasions territoriales ». Deux types d'invasions sont distingués : le premier a pour effet un changement de l'usage du sol (zone industrielle devenue résidentielle), alors que le second modifie la composition sociale et économique du quartier. Les invasions se réalisent à partir de points d'entrée qui sont les lieux de passage et de transition auxquels les populations présentes s'attachent peu et dont elles ne revendiquent pas un usage exclusif. Ces lieux de forte mobilité et de faible résistance sont par exemple les lieux publics, les commerces, les transports collectifs. À l'issue du processus d'invasion, au cours duquel on assiste à une élévation des valeurs foncières et à des faillites, un type dominant d'organisation écologique apparaît ainsi qu'une nouvelle « aire morale ».

L'étude des « aires morales » et des groupes sociaux urbains

Dès 1925, Robert Ezra Park propose de nourrir la démarche écologique d'une analyse sociologique de la ville. L'objectif de ce

Le voisinage

« La proximité et les contacts de voisinage sont la base des formes les plus simples et les plus élémentaires d'association auxquelles nous avons affaire dans l'organisation de la vie urbaine. Les intérêts locaux et les associations entretiennent un attachement local, de sorte que, dans un système qui fait de la résidence la base de la participation aux affaires publiques, le voisinage devient la base du contrôle politique. Dans l'organisation sociale et politique de la ville, c'est l'unité locale la plus petite. [...] Le voisinage existe sans organisation formelle. La société d'action locale est une structure érigée sur la base de l'organisation spontanée des voisinages et qui se constitue pour donner la parole au sentiment local sur ce qui touche aux intérêts locaux. Sous les influences complexes de la vie urbaine, ce que nous pourrions appeler le sentiment normal d'appartenance au voisinage a subi des modifications curieuses et intéressantes et a produit de nombreux types inhabituels de communautés locales. De plus, il y a des quartiers en formation et des quartiers en dissolution. Prenez, par exemple, la 5e Avenue à New York, qui n'a probablement jamais eu d'association d'action locale, et comparez-la avec la 135e Rue dans le Bronx — sans doute la plus grande concentration de population noire du monde entier —, qui est en train de devenir une communauté étroite et hautement organisée. Il importe de connaître les forces qui tendent à faire éclater les tensions, les intérêts et les sentiments qui donnent aux quartiers leur caractère particulier [...]. Quelle proportion de la population est flottante ? Quelle est la composition de cette population : races, classes, etc. ? Quel est le nombre de gens vivant à l'hôtel, dans des appartements, dans des garnis ? Quel est le nombre de gens propriétaires de leur logement ? Quelle est la proportion de la population faite de nomades, de hobos, de gitans ? »

Source : Park [1925, éd. 1979, p. 87].

fondateur de l'école de Chicago est de comprendre le développement de communautés ethniques ou sociales dans la ville. Ainsi Park cherche-t-il « à considérer la ville non comme un phénomène géographique mais comme une sorte d'organisme social » [1925, p. 80]. Son approche de l'écologie humaine est fondamentalement naturaliste : les rapports de classe, les politiques urbaines municipales ou fédérales qui sous-tendent les phénomènes de ségrégation retiennent moins son attention que les mécanismes d'agrégation et désagrégation des communautés. Cet objet de recherche le conduit à étudier la ville sous deux angles : l'ordre écologique et l'ordre moral. Il étudie le premier en recourant à la dimension spatiale des faits, notamment par la cartographie. Le second relève de l'étude des interactions locales, qui expliquent le développement de comportements hors normes dans certaines aires morales. Il s'agit en définitive d'une sociologie locale du contrôle social.

Le Ghetto
de Louis Wirth [1928]

Ancien travailleur social d'une organisation juive, Wirth s'intéresse aux formes de regroupement de cette population dans des contextes historiques variés. Il retrace, à la suite de nombreux auteurs, une histoire du ghetto depuis 1516, date à partir de laquelle ce terme désigne le quartier juif (*getto*) de Venise. Dans l'Europe occidentale, les gouvernants du Moyen Âge utilisent les Juifs pour s'assurer des revenus, collectant un impôt sur leur communauté afin qu'ils les répercutent sur les prix. Le système du *getto* implique une séparation physique et un statut spécial supposés les protéger de velléités antisémites. Entouré de murs, le ghetto est fermé la nuit, le dimanche et les jours de fêtes chrétiennes. Il est souvent surpeuplé en raison du refus des autorités d'agrandir son emprise. Mais, malgré ses défauts, le ghetto peut être aussi considéré comme « volontaire ». Il permet à la communauté de renforcer ses liens internes et la conservation de la tradition. Il s'organise autour de la famille et de la synagogue, d'institutions communautaires, sociales et juridiques autonomes. Il bénéficie d'une certaine extraterritorialité. Wirth rend compte de la différence entre la situation et les comportements des communautés de l'est et de l'ouest de l'Europe au cours du XIXe siècle. Alors qu'en Europe de l'Ouest les ghettos se dispersent, les Juifs d'Europe de l'Est, isolés au sein de sociétés rurales, continuent de vivre au sein de leur communauté. Cette situation se reproduit en Amérique à la fin du XIXe siècle. L'histoire du *Landsmannschaft*, le ghetto de Chicago, est marquée par les vagues d'immigration allemande, polonaise, hongroise et russe. Le processus d'intégration des nouveaux migrants débute à Maxwell Street, rue-marché au cœur du quartier juif. Il se poursuit à Lawndale, peuplé de Juifs « sortis » du ghetto. Tous ces espaces, Maxwell Street (ghetto initial) ou Lawndale (aire de seconde installation) correspondent à des « états moraux » différents selon la volonté d'autonomie des individus à l'égard de la communauté et de la famille. L'intégration est facilitée par des agents de fusion, à l'interface des différentes communautés ethniques et autochtones. Mais les difficultés ne sont pas toutes aplanies dans les aires de seconde installation, où le Juif sorti du ghetto se heurte à l'antisémitisme, ce qui rend nécessaire l'existence d'institutions communautaires, que Wirth qualifie de « retour au ghetto ».

En définitive, le ghetto de Wirth correspond à une assignation à résidence, à un peuplement homogène du point de vue ethnique ou religieux, et à une intériorisation de la contrainte par ses membres qui reconnaissent le bien-fondé de leur mise à l'écart. Cet ouvrage montre la violence du concept de « ghetto » et le danger de la banalisation de son usage par les acteurs politiques et les médias français d'aujourd'hui.

Dans ses propositions de recherche sur la ville, Park montre les nombreux débouchés empiriques issus de cette perspective.

De nombreuses recherches de l'école de Chicago entreprennent, à la suite des propositions de Park, des études de quartiers et de milieux sociaux urbains. Il s'agit, selon ses préconisations, de privilégier les connaissances de première main, produites par le sociologue pour les besoins de sa recherche. On peut citer, à titre d'exemples : *The Hobo* (Anderson, 1923), *The Gang* (Thrasher, 1927), *The Gold Coast and the Slum* (Zorbaugh, 1929), *The Taxi-Dance Hall* (Cressey, 1932), *The Pilgrims of the Russian Town* (Young, 1932), *Hotel Life* (Hayner, 1936), *Small Town Stuff* (Blumenthal, 1932), *Negro Family in Chicago* (Frazier, 1932).

L'étude du ghetto permet à Wirth d'établir, dix ans plus tard, une synthèse brillante des tendances de l'école de Chicago. Il revient à son tour sur la définition de la ville, un « établissement important, dense et permanent d'individus hétérogènes » [1938, éd. 1979 p. 258]. La densité se manifeste par la diversité des occasions de rencontre. En même temps, la ville est le théâtre de processus d'agrégation et de ségrégation des populations qui se regroupent en « aires morales ». Dans une situation de proximité spatiale et de diversité sociale, le citadin joue sur plusieurs registres et rôles selon le type de milieu auquel il s'adresse. Cette structure matérielle implique donc que les relations en ville soient anonymes, superficielles, éphémères, segmentaires, utilitaires, rationnelles. Ainsi, la ville comme mode de vie transforme le psychisme du citadin d'une façon que Wirth qualifie même de « schizoïde » (p. 263).

Ségrégation et agrégation

L'étude des processus de division sociale de l'espace urbain fait incontestablement l'originalité de l'école de Chicago. Même si les concepts d'invasion ou de succession minorent leur dimension politique, ils permettent d'identifier des mécanismes de ségrégation et d'agrégation spatiale.

Concepts et mesures

Selon le sens commun, la ségrégation résulte de l'action de séparer, d'écarter, de mettre à part. En sociologie, la ségrégation est une forme plus ou moins institutionnalisée de distance sociale qui

Mesurer la ségrégation

Plusieurs indices quantitatifs existent pour mesurer la ségrégation : surreprésentation d'une catégorie par rapport à l'ensemble de la ville, rapport d'une catégorie à une autre (combien d'ouvriers pour un cadre). Plus élaboré, l'indice de Duncan (IS) s'écrit :

$$IS = 1/2 \sum_{i=1}^{N} | x_i - y_i | \ 100$$

où n correspond au nombre de quartiers, x_i représente le rapport d'un groupe social du i^e quartier sur la population totale de ce groupe dans l'ensemble des quartiers, y_i représente le rapport des autres groupes du i^e quartier sur la population de ces autres groupes dans l'ensemble des quartiers. La valeur 0 représente la mixité parfaite. Les recherches fondées sur cet indice ont popularisé la courbe en U dite de « Duncan » (1955), qui montre que l'indice est plus élevé aux deux extrêmes de la hiérarchie sociale des revenus. En effet, la ségrégation ne concerne pas seulement les populations qui sont assignées à des espaces sous l'effet de pratiques et de logiques d'exclusion.

se traduit par une séparation dans l'espace. La prudence face au concept de ségrégation est d'autant plus nécessaire que sa connotation négative pèse lourdement sur les recherches. Alors que la ville est présentée de manière idéologique comme un lieu de mélange, la séparation physique est perçue comme une rupture, un enfermement. Mais la ville non ségrégée a-t-elle jamais existé ? En réalité, les villes qui sont nées de la division du travail (voir chapitre I) ont répercuté sur leur territoire cette division, en même temps que les valeurs sociales et économiques attribuées aux différents métiers. Ainsi peut-on dire qu'il n'y a pas de ville sans ségrégation. Toutefois, les valeurs attribuées à la position spatiale des couches défavorisées changent selon les époques. Au XIXe siècle, la peur de la contagion dont les milieux populaires sont supposés porteurs conduit les classes dominantes à rêver de villes socialement homogènes. Mais, vers 1900, les classes laborieuses sont réputées dangereuses en raison de leur relégation dans des espaces incontrôlés : faubourgs, enclaves centrales, ceintures rouges [Chevalier, 1958]. Aujourd'hui, la valorisation de la notion de mixité sociale par les logeurs sociaux renvoie à la crainte d'une concentration excessive de populations insolvables, pouvant mettre en danger les équilibres de gestion. Des pseudo-théories sociologiques, comme le « seuil de tolérance » (un quartier basculerait dans la violence et/ou le vote pour l'extrême droite à partir d'un seuil de x % d'immigrés, ce qui revient à imputer à ces derniers ce basculement), justifient des politiques de peuplement mises en œuvre pour faire respecter des quotas. Organismes sociaux, municipalités et représentants de l'État regrettent le départ des couches moyennes de l'habitat social et tentent de les faire revenir. Cette politique contribue à complexifier l'attribution des logements sociaux [Bourgeois, 1996]. De plus, les moyens utilisés pour parvenir à la mixité ne sont pas toujours exempts de l'accusation de discrimination [Vieillard-Baron, 1998].

En bref, la notion de ségrégation doit être utilisée avec une grande prudence pour trois raisons essentielles :

— en comparaison des États-Unis, où il est permis de parler d'un *apartheid* américain [Massey et Denton, 1995], la ségrégation européenne n'est bien souvent qu'une simple division sociospatiale ;

— le choix des unités spatiales (le quartier, le voisinage, la cage d'escalier), qui servent de base à la mesure de la ségrégation, renvoie à des échelles différentes de la ségrégation ;

— les caractéristiques sociales ou ethno-raciales qui servent de critère à la mesure de la ségrégation sont parfois critiquables. Ainsi, la notion de quartiers populaires et ethniques a pris une extension qui ne désigne qu'une partie visible de la population résidente.

Comme le montre Yves Grafmeyer [1991], ces indices mesurent l'écart à une situation de répartition égale des populations dans l'espace urbain. La valorisation de celle-ci peut correspondre à des objectifs différents : égalité d'accès des groupes sociaux aux différents services urbains (habitat, emploi, culture et loisir) ou volonté d'assimilation culturelle de groupements perçus comme fermés. Selon Benit [2000], les politiques récentes de déségrégation à Johannesbourg concernent surtout la classe moyenne noire, alors que d'autres quartiers comme Soweto restent exclusivement non blancs. La « ville d'apartheid » étant une « ville à trous » isolant par des zones tampons les différents quartiers, la politique actuelle visant à les urbaniser constitue un enjeu majeur.

La ségrégation : un processus

Les processus ségrégatifs sont d'une grande complexité, plusieurs facteurs étant à l'œuvre.

Les prix du marché foncier déterminent en grande partie l'implantation des types de logements. Ces prix sont souvent l'effet d'une concurrence entre divers usages du sol, notamment entre la fonction tertiaire et résidentielle. Ainsi beaucoup de grandes villes mondiales connaissent-elles des niveaux de prix immobiliers élevés. Néanmoins, les mécanismes sont beaucoup plus complexes. En effet, certaines capitales occidentales (Paris, Londres, New York) permettent l'existence d'un parc immobilier vétuste et bon marché

Paris : nombre d'ouvriers pour un cadre en 1999

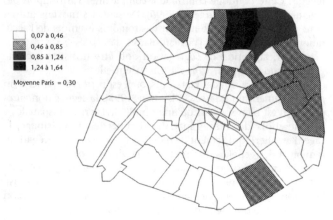

0,07 à 0,46
0,46 à 0,85
0,85 à 1,24
1,24 à 1,64

Moyenne Paris = 0,30

Source : Recensement de 1999 au 1/4 population active.

dans la zone centrale hypervalorisée. En 1990, Paris compte 17 % de logements sans WC intérieurs, dont la plupart datent d'avant 1948. De même, le marché foncier oriente souvent la localisation du parc social destiné à loger des populations modestes. Pourtant, les pouvoirs publics peuvent orienter cette détermination en subventionnant des « déficits fonciers ». Mais comme le notent Pinçon, Préteceille et Rendu [1986], le peuplement des logements sociaux est différent selon la valeur attribuée à leur implantation. Les logements sociaux de la Ville de Paris *intra muros*, mieux desservis et équipés, comptent 16 % d'ouvriers contre 31 % dans la région.

Les politiques de peuplement des bailleurs sociaux et privés constituent un aspect fondamental des mécanismes ségrégatifs. Elles renvoient à de nombreuses contraintes comme le fait d'honorer les engagements à l'égard d'acteurs qui ont participé à leur construction : l'État, les organismes patronaux, les municipalités disposent alors d'un droit de désignation de locataires. Mais l'organisme décide seul d'accepter dans son parc les ménages qui lui sont proposés. Ainsi, un bailleur social peut-il laisser se constituer un isolat de « mauvais habitants » dans un parc donné afin ne pas faire partir d'autres locataires, situés dans un parc plus valorisé.

De manière plus générale, il convient d'intégrer dans les processus de ségrégation l'impact des politiques urbaines de rénovation. En effet, la destruction de quartiers populaires ou leur réhabilitation ont souvent pour effet de faire partir les couches sociales les plus modestes, en raison d'une augmentation des loyers, immédiate ou à moyen terme. Cela n'empêche pas les opérateurs de faire valoir leur objectif de mixité sociale.

Les contraintes en matière de transports, l'éloignement du lieu de travail pèsent fortement sur le choix de localisation des ménages. Aux États-Unis, la fiscalité locale est un facteur important de répartition des populations. Mais les aspects symboliques ne sont pas négligeables. L'espace est socialement différencié du point de vue de la richesse et du pouvoir, il s'organise entre un centre et des périphéries, le haut et le bas, la rive droite et la rive gauche, etc. Ce schéma mental est tellement incorporé dans nos habitudes que l'adresse fait partie du capital symbolique. Elle permet d'être intégré dans un réseau social et professionnel. Selon Dansereau [2000], la différenciation de l'espace métropolitain montréalais s'opère sur trois bases : le statut socioéconomique, le cycle de vie et la dimension ethnolinguistique. À Delhi, Dupont [2000] montre que trois critères permettent de différencier l'espace urbain : la part de la caste des intouchables, celle des analphabètes, et les actifs du secteur des services, du commerce et de l'industrie. À Jérusalem, la ségrégation consolide les groupes identitaires et leurs revendications territoriales. Selon Hasson [2001], « la diversité ethnique, culturelle et sociale résulte d'un long processus. Chaque groupe identitaire occupe un espace particulier dans la ville. Les arabes occupent l'est, les juifs orthodoxes le nord, la classe ouvrière le sud et l'est, et les groupes écologistes, malgré une relative dispersion dans toute la ville, se concentrent au sud-ouest. L'identité de ces groupes se réaffirme et se reconstruit lors d'affrontements territoriaux ».

On peut, en simplifiant la proposition, écrire en résumé : « Dis-moi ce que tu écris, je te dirai où tu habites. » Ainsi, Christophe Charle [1998], étudiant le milieu littéraire à Paris à la fin du XIXe siècle, montre que la trajectoire géographique et sociale des romanciers est souvent liée à leur appartenance à un des courants de cette époque (symbolistes, naturalistes, psychologiques).

En France, de nombreuses études ont montré que la recherche du confort et de l'espace dans le logement ne peut expliquer complètement le changement de résidence et la localisation des ménages dans la ville [Lévy, 1992]. La mobilité résidentielle ne

L'évitement scolaire

« Quand on a acheté sur plan, la mairie avait dit qu'on dépendait de L. qui est une bonne école. Et puis la surprise c'est qu'ils ont resectorisé. Et on devait se retrouver avec des enfants des barres de L.F. Donc il n'était plus question de mettre mes enfants là-bas. Le collège est bien mais L.F., c'est pas la peine. Et c'est dommage parce qu'ils ont refait une école magnifique avec de gros moyens, mais c'est toujours des enfants de la cité H. qui y vont. C'est la population qui me dérange. Je pense que c'est une décision municipale [...] mais ça ne marche pas. Tout le monde a demandé une dérogation, maintenant il n'y en a presque plus et tout le monde met ses enfants à C.P. » (Madame L., 47 ans, père cadre supérieur).

Source : Oberti [2007, p. 225].

correspond pas toujours à une amélioration des conditions d'habitat, les ménages pouvant sacrifier celles-ci à l'attraction de quartiers valorisés socialement. L'observation à des échelles communales fines des processus de ségrégation permet de mesurer le poids des différents facteurs [Oberti, 1995]. Ainsi, la sectorisation spatiale des politiques scolaires peut influer sur les stratégies de localisation des ménages avec enfants : volonté de se rapprocher de l'aire de recrutement des lycées préparant aux grandes écoles et d'éviter les collèges étiquetés en difficulté [Van Zanten, 2001].

Ces stratégies utilitaires se combinent avec des facteurs plus culturels. À revenu égal, des ménages peuvent faire le choix d'une résidence urbaine ou au contraire périurbaine, plus proche des équipements centraux ou de la nature. L'une des composantes de ces choix est la volonté de rapprochement communautaire. Suivant le modèle de Wirth, des mécanismes d'agrégation se manifestent dans un désir de partage culturel, de resserrement des liens sociaux et d'entraide. Cette hypothèse a donné lieu à un grand nombre d'études de communautés urbaines (*community studies*). On indiquera deux exemples parmi tant d'autres. Jean-Claude Toubon et Khelifa Messamah [1991] montrent comment le fonctionnement de réseaux d'accueil dans le quartier immigré de la Goutte d'Or a permis un phénomène d'agrégation ethnique. Aujourd'hui encore, les commerces de la Goutte d'Or représentent un repère pour de nombreux immigrés maghrébins installés en France. De même, Annie Benveniste [2000] souligne comment la cité d'habitat social de Sarcelles représente la « nouvelle Jérusalem » des juifs de la région parisienne, un lieu d'intégration communautaire entre des juifs revenant à la religion et des juifs dits « rigoureux ». Les logiques de réseaux sont souvent présentes

L'étude de réseaux

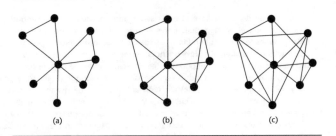

(a) (b) (c)

Les réseaux sociaux permettent d'étudier l'intensité des échanges dans un groupe donné : voisins, membres d'une association de locataires ou d'un club de boules... Le réseau d'accueil de migrants est un cas d'application. Les réseaux peuvent se distinguer selon la densité. Dans l'exemple ci-dessus (a) = 10 liaisons observées sur 28 possibles entre 8 individus. Densité : 0,28 (b) = 13 liaisons observées sur 28 possibles entre 8 individus. Densité : 0,46 (c) = 17 liaisons observées sur 28 possibles entre 8 individus. Densité 0,60.
  La densité est le rapport entre liaisons observées et liaisons possibles. Le nombre de liaisons possibles est $N (N - 1)/2$ et N est le nombre d'individus.

Source : Hannerz [1983, p. 228-229].

dans les dynamiques d'agrégation spatiale. Elles expriment une partie du capital social des populations [Puttnam, 2000]. Mais elles peuvent aussi expliquer des phénomènes de succession et de cohabitation spatiale entre des communautés ethniques ou religieuses différentes, comme dans le quartier parisien de Belleville [Simon et Tapia, 1998 ; Endelstein, 2004]. Mais une vision optimiste de la ségrégation ne saurait faire oublier, selon Denton et Massey [1995], que « toute concentration de la pauvreté dans des quartiers où une race est isolée augmente les probabilités d'échec socio-économique du groupe isolé » (p. 233). Selon ces auteurs la « culture de la ségrégation » se nourrit d'hostilité à l'égard des autres groupes, des femmes, « une contre-culture nihiliste et violente prenant radicalement le contre-pied des valeurs de base et des objectifs d'une société démocratique » (p. 231). Pour la France, Sophie Body-Gendrot reconnaît de nouvelles crispations identitaires préoccupantes mais note qu'elles sont moins fondées sur des écarts phénotypiques que sur le sentiment d'une irréductibilité des différences culturelles [1995].

Les effets de la ségrégation aux États-Unis
Un point de vue systémique

« L'interaction de la pauvreté et de la ségrégation produit une concentration d'effets sociaux et économiques pervers où le chômage des hommes, l'assistanat pour les femmes, la criminalité, la toxicomanie, les maternités précoces et les familles monoparentales deviennent la norme. Le ghetto abrite une pléthore de modèles négatifs, aux antipodes de ceux nécessaires à une réussite dans une économie de services postindustrielle naissante. Le manque d'ouvertures, la pauvreté omniprésente, le désespoir croissant activent une dynamique socio-psychologique, à l'origine de la culture de la ségrégation. Les habitants du ghetto peuvent difficilement se constituer une estime de soi qui puisse satisfaire aux idéaux et valeurs du reste de la société, ou acquérir un certain prestige par des voies socialement acceptées. Parce qu'ils estiment avoir raté leur vie, selon les normes générales, ils se constituent un système de statuts parallèle, défini par son opposition à la culture de la majorité. Mais, avec l'apparition de nouvelles générations nées dans des conditions de dénuement grandissant et de renforcement de l'isolement racial, la notion d'opposition cède le pas à une culture de la ségrégation de plus en plus autonome et indépendante. On peut trouver un signe très sûr du développement d'une culture de la ségrégation lorsque la langue d'un groupe ségrégé diverge fortement de celle du reste de la société. »

Source : Massey et Denton [1995, p. 240].

Néanmoins, comme l'observe Edmond Préteceille [1997], on doit distinguer la vision culturaliste-communautariste d'une version plus économique des phénomènes d'agrégation. Ainsi des « enclaves économiques » sont-elles observables comme Chinatown [Lin, 1998] où, dans les entreprises, patrons et ouvriers appartiennent à des minorités. Le regroupement spatial ethnique permet de développer un milieu d'accueil pour les populations immigrées, sur la base d'une communauté ethnique. Bien que le phénomène soit surtout nord-américain, des espaces singuliers se rapprochent de ce modèle. Ainsi, certains quartiers de Marseille, étudiés par Alain Tarrius [1993], relèvent d'une économie migratoire des diasporas. Étudiant des quartiers d'habitat social dégradé, Michel Péraldi [1998] note pour sa part l'apparition d'« entrepreneurs ethniques ».

Si la séparation spatiale des populations provient d'un développement économique séparé, on peut s'interroger sur l'hypothèse d'une dualisation de la cité. Cette question fait l'objet de débat [Préteceille, 1997]. Selon Saskia Sassen [1991, éd. 1996], on assiste dans les « villes globales » (New York, Londres, Tokyo) à un renforcement des inégalités sociales en termes de revenus,

Image de la polarisation. Les journaliers de Tokyo

« Il existe quatre grands centres d'embauche pour les journaliers, dans le pays : deux dans la région de Tokyo Yokohama, un à Nagoya, un à Osaka. Le plus grand est celui de la circonscription de Taito, dans la capitale, avec une réputation de lieu dangereux. Les *yakusa* — version japonaise des *mafiosi* — contrôlent, en effet, ces quatre centres de recrutement, mais Taito est aussi l'un des districts les plus pauvres de la capitale, avec un taux croissant de criminalité, de pauvreté et de chômage. Manifestement, le système censé protéger les journaliers s'est effondré, pour faire place à des relations de type mafieux. Par ailleurs, les centres d'embauche servent aussi de refuge aux sans-abri.

Lors de ma première visite au centre de Yokohama (Kotobukicho), nous sommes arrivés à 5 heures du matin, devant des structures de béton gris à plusieurs étages, pourvues de sortes de guichet de gare ; de longues files d'hommes attendaient devant chaque guichet. [...] La grande majorité des témoignages recueillis suggère une dégradation constante du sort des journaliers. Il n'y a pas d'autre issue pour la majorité d'entre eux. Le fossé entre le monde des journaliers et le reste de la société est devenu un abîme en quelques années. »

Source : Sassen [1996, p. 412].

d'accès à l'emploi, au logement, à la santé. Pour Sassen, la mondialisation des flux financiers conduit à une concentration des fonctions centrales de direction de firmes dans un nombre restreint de villes. Ces postes de commandement de l'économie mondiale offrent, outre une infrastructure technologique exceptionnelle, un point d'ancrage territorial à une économie moderne fondée sur l'interconnaissance [Veltz, 1997]. Une vaste économie intermédiaire de services d'un très haut niveau de spécialisation et de performance s'implante dans ces villes. Mais on observe aussi une évolution d'un secteur de services mal rémunérés (petits emplois, travail informel) occupés par une population migrante et des rémunérations poussées vers le bas. Un nouvel ordre spatial fondé sur la polarisation sociale semble se dessiner [Marcuse et Van Kempen, 2000]. La ville globale stimulerait la concurrence urbaine et polariserait les populations, créant une géographie des marges et des banlieues où les populations dominées deviendraient invisibles. Sassen évoque dans son enquête sur les villes globales les travailleurs journaliers de Tokyo, catégorie résiduelle de l'emploi qui regroupe les licenciés, les immigrants clandestins, les hommes âgés et d'anciens militants politiques inscrits sur la « liste noire » patronale. Une étude comparative de la politique de grandes villes (Rome, Paris et Tel-Aviv) à l'égard des quartiers d'étrangers a fait

L'entre-soi dans un espace public

« Aujourd'hui encore il existe des espaces privés dans des équipements collectifs. C'est ainsi que les membres du Jockey Club disposent de tribunes réservées dans les hippodromes de Longchamp et de Chantilly. "Il est d'usage de se mettre une jaquette et de porter le haut-de-forme gris parce que, à Chantilly, nous sommes chez nous", explique le comte d'Estèbe. Dans ces hippodromes, il existe une tribune réservée aux membres du Jockey, nécessairement des hommes, et une autre aux femmes des membres ou à leurs invités. Le comte d'Estèbe s'est fait un plaisir de raconter l'anecdote suivante, qui montre à quel point ces spectateurs privilégiés se sentent chez eux. "La duchesse de X se trouvait dans la tribune des dames à Longchamp, il y a peu de temps, il s'est mis à pleuvoir. Alors une foule bruyante et bigarrée, vous savez genre sandwiches et papiers gras que l'on sème partout, a trouvé refuge dans la tribune. Alors la duchesse s'est écriée : 'Mais ici, c'est privé !' Elle avait sa capeline. Pendant qu'on prévenait le service d'ordre pour faire évacuer, n'ayant plus un mot elle dit : 'Et qu'est-ce que vous diriez de moi si je venais prendre le thé chez vous sans vous prévenir !' Elle est étonnante !" »

Source : Pinçon et Pinçon-Charlot [1989, p. 83-84].

l'objet d'une typologie permettant de distinguer les stratégies interculturelles, pluralistes, assimilationnistes et de simple accueil de main-d'œuvre [Alexander, 2006].

Classes sociales et univers urbain

Que les villes d'aujourd'hui soient ou non marquées par la polarisation, les catégories sociales vivent dans des univers urbains différents : la ville des cadres n'est pas celle des ouvriers, ni celle des étudiants ou des personnes âgées. On peut donc dire que les positions spatiales traduisent des positions sociales et agissent sur les représentations et les pratiques des habitants.

Pour bien comprendre cette chaîne de causalité, il convient de revenir à la courbe de Duncan, qui montrait que les indices de ségrégation sont élevés au plus haut et au plus bas niveau de la hiérarchie sociale. Ainsi, Michel Pinçon et Monique Pinçon-Charlot ont porté leur effort sur la concentration spatiale de la haute bourgeoisie en région parisienne. Au fil de leur ouvrage *Dans les beaux quartiers* [1989], ils essaient de comprendre le rôle de l'espace urbain dans les stratégies de reproduction sociale de cette classe. Sa forte concentration spatiale, ses modes de consommation témoignent des relations que cette population entretient avec les espaces et équipements publics. Selon ces auteurs, la haute bourgeoisie privatise l'espace public pour le rendre plus « serein ». Cette classe sociale dominante accorde à l'« entre-soi » une valeur cardinale. Elle se livre à un processus d'autoségrégation afin de pouvoir se reproduire socialement.

Les études de quartiers sur les couches populaires et immigrées témoignent d'une crise d'identité. En France, l'attention pour les quartiers d'habitat social a été renouvelée depuis une vingtaine d'années par le repérage par les pouvoirs publics de « quartiers difficiles » nécessitant une présence plus forte des services publics : chômage important, fort taux de population étrangère et de jeunes. Selon François Dubet et Claude Lapeyronnie [1992], les « quartiers d'exil » correspondent à une société décomposée, liée au déclin du mouvement ouvrier et à la fin des solidarités de classe. Ils associent ce type d'espace urbain à un sentiment d'exclusion : ces quartiers relégués deviennent des zones de non-droit. Cette thèse fait écho à la question de l'engrenage suscité par la disparition de l'emploi et le racisme dont sont victimes les Noirs des *inner cities* américaines identifiées à l'*underclass* [Wilson, 1994]. Étudiant d'anciennes banlieues ouvrières de la région parisienne, Bacqué et Sintomer [2001a] ne constatent pas, contrairement aux auteurs précédents, une situation d'anomie. Selon eux, l'écart de normes entre les générations provient surtout de la désintégration du monde et de la culture ouvriers dans la mesure où cette culture se trouve dans l'impossibilité d'imposer ses valeurs et d'en rétribuer la conformité. Comme le montre Tissot [2007], le caractère supposé socialement homogène de ces quartiers a conduit certains sociologues à répondre de manière trop docile à la commande implicite des pouvoirs publics. Serge Paugam et Agnès Van Zantem [2001] ont étudié les relations entre des acteurs représentant les services publics et les habitants dans un quartier dit « difficile ». À l'intérieur du quartier, les relations sociales ne leur semblent pas toujours conflictuelles. Les classes moyennes se mobilisent fortement contre l'image publique de la cité, en tentant de retourner le discrédit. Selon Kokoreff [2003], il convient de dépasser l'« handicapologie » dont souffrent les quartiers populaires : « Les grands ensembles et cités d'hier, sans histoire et âme, sont devenus des quartiers à part entière, c'est-à-dire des lieux d'appartenance et d'identification collectives intenses, pleins plutôt que vides de sens, riches de potentialités plutôt que carencés. La force des liens et des réseaux d'interconnaissance constitue le vecteur, par défaut, d'identités locales. Elle confère,

La population des zones urbaines sensibles

En France, un habitant sur douze habite une des 750 « zones urbaines sensibles » délimitées par les pouvoirs publics comme correspondant à des populations en difficulté. Les éléments statistiques ci-dessous résument leurs caractéristiques principales en comparaison avec les agglomérations dans lesquelles elles se trouvent.

Tableau 2

	ZUS	Ensemble des agglomérations comprenant une ZUS
Part des familles monoparentales	18,6 %	12,4 %
Part des ménages de six personnes ou plus	7,5 %	3,1 %
Part des moins de 25 ans	43 %	34,7 %
Part des ménages dont la personne de référence est de nationalité étrangère	15,8 %	8,1 %
Part des ménages dont la personne de référence est ouvrier ou employé	50,6 %	33,2 %
Part des 15-24 ans poursuivant leurs études	52,8 %	60,9 %
Part des non-diplômés parmi les 15-24 ans ayant achevé leurs études	36,7 %	27,3 %
Taux de chômage	18,9 %	11,6 %
Part de logements HLM	62 %	22 %

Source : Golberger, Choffel et Letoqueux [1998].

certes, une assise à des modes de vie structurés autour d'activités déviantes pour jouer un grand rôle dans le développement de carrières dans le monde de l'illicite. Mais elle assure à diverses pratiques sociales un ancrage territorial qui inverse les signes de vulnérabilité quand il ne supplée pas au déficit des institutions (école, travail social, police, justice). » C'est à un processus similaire qu'aboutit le quartier stigmatisé de Dâhiye de Beyrouth qui passe de la « ceinture de misère » à la « banlieue sud-rebelle » [Harb, 2006].

En définitive, la notion même de « quartiers difficiles », si elle exprime le sentiment de relégation des couches populaires, est à manier avec précaution [Avenel, 2004]. Même si des souffrances réelles existent dans ces espaces, les variables statistiques définissant ces secteurs (pourcentage de jeunes, de chômeurs, d'étrangers, de familles monoparentales...) renvoient à des critères qui effraient plus les responsables publics que les populations qui

Une offense territoriale

« [Note du 22 février 1993] En ethnographe convaincu, je me suis rapidement habitué, après quelques semaines passées dans le grand ensemble, à l'odeur d'urine qui règne en permanence, et ce malgré un nettoyage quotidien, dans le hall d'entrée de mon immeuble, qui ne fait d'ailleurs nullement exception dans la cité [...]. Je me suis longtemps demandé quel genre de personnes pouvait être les auteurs de ces souillures. Sans me l'avouer ouvertement, je pensais qu'il ne pouvait s'agir que d'individus passablement marginaux et désocialisés. En sortant du judo, un soir, vers 22 heures, je propose à Nassim, Farid et Mohamed de venir "casser une dalle" à la maison. Invitation acceptée sur-le-champ. Nous nous dirigeons donc en bavardant vers la rue Renoir. Arrivés dans le hall, et alors que nous attendons l'ascenseur, Mohamed, qui a déménagé un an auparavant des Quatre-Mille pour un pavillon à Drancy, lance, rieur et l'air entendu : "Bon, ben... on va reprendre les habitudes de la cité, hein !" Les deux autres opinent du menton. Chacun se dirige alors vers son mur et urine tranquillement, tout en continuant à bavarder. Les trois adolescents cités sont socialement parfaitement "intégrés", poursuivant leurs études secondaires, pratiquant la compétition sportive à haut niveau, nourrissant rêves et projets d'avenir. Si anomie ou désorganisation sociale il y a, c'est d'abord le fait d'un espace d'habitat non respectable, non respecté et honni. »

Source : Lepoutre [1997, p. 41-42].

y vivent. Le tableau 2 ci-contre souligne autant la concentration spatiale des problèmes sociaux que le regard inquiet des observateurs et acteurs sociaux.

Ces statistiques sont éloquentes. Néanmoins, il convient de ne pas sous-estimer les effets stigmatisants des politiques sociales territoriales qui se fondent sur un constat de ce type. Jean-François Laé et Numa Murard [1985] ont montré comment la population d'une cité de transit de Haute-Normandie utilisait le diagnostic de relégation territoriale pour négocier ses rapports avec les pouvoirs publics et les travailleurs sociaux.

On retiendra de la discussion qui précède l'intérêt d'une approche sociologique des quartiers populaires visant à y découvrir un « ordre social » [Suttles, 1968]. Cet ordre caché permet de dépasser les diagnostics rapides. William Foote Whyte conclut sa monographie ethnographique d'un quartier italien à Boston de la manière suivante : « Le problème de Cornerville, ce n'est pas le manque d'organisation ; c'est le fait que son organisation sociale propre ne parvient pas à s'adapter à la structure de la société qui l'englobe » [1943, éd. de 1996, p. 299]. Au Brésil et au Venezuela plusieurs années de recherches ont eu raison du caractère supposé marginal des barrios et favelas [Valladares et Pontes Loelho, 1996].

Néanmoins, le diagnostic d'inadaptation ne peut être systématique. Dans son *Carnet ethnographique d'un apprenti boxeur*, Loïc Wacquant montre justement comment la valorisation de dispositions physiques permet aux habitants d'un quartier dévalorisé de trouver des emplois dans le secteur du gardiennage [Wacquant, 2001]. De même, l'observation participante permet de comprendre les structures sociales et les raisons d'agir des individus, tel par exemple le récit d'actes déviants ou incivils [Lepoutre, 1997 ; Kokoreff, 2003].

On doit pourtant souligner le risque d'un usage immodéré des discours empathiques sur les quartiers populaires notamment lorsqu'ils veulent justifier un désengagement des pouvoirs publics. Ces discours laissent souvent supposer que les désordres constatés dans les « banlieues » relèvent de la société extérieure considérée comme néfaste. Selon cette posture, les cités seraient habitées par des « bons sauvages », pervertis par la société de consommation. Ce type de réflexion se traduit par des mesures pratiques se réclamant des sciences sociales. Ainsi observe-t-on en France l'émergence d'un encouragement par l'État de pratiques d'autodéveloppement communautaire mobilisant des dispositions ethniques ou sociales « originelles ». Citons par exemple le dispositif des « femmes relais » qui consiste à salarier des personnes migrantes pour aider à l'insertion de leurs coreligionnaires. Si ces dispositifs se nourrissent bien évidemment de connaissances anthropologiques, l'usage systématique de ces savoirs (par des travailleurs sociaux, des urbanistes, voire d'anciens étudiants en sociologie) mériterait une étude préalable avant d'être appliqué tel une recette. Comme le souligne Philippe Genestier [1999], le nouvel engouement pour la notion de quartier renvoie à une survalorisation de la communauté en tant que ressource, territoire éducatif et créatif (musiques et danses, hip-hop, tag, rap, etc.).

Ainsi, il est difficile de généraliser sans examen préalable l'expérience de mobilisation des ressources communautaires qui existe depuis le début du siècle aux États-Unis. À Boston, les associations locales communautaires peuvent disposer d'un véritable pouvoir en matière d'urbanisme selon leur capacité d'organisation (*empowerment*). Des Community Development Corporations accordent des prêts à la construction, à la réhabilitation, au développement de services, mobilisent des fonds privés ou publics. Ce démembrement de l'État soulève d'autres difficultés, dans la mesure où l'*empowerment* se révèle dépendre, en

Qui sont les émeutiers des banlieues françaises de novembre 2005 ?

En prenant pour références les communes de plus de 65 000 habitants hors Île-de-France et 25 000 habitants en Île-de-France, Lagrange [2007] montre que les émeutes se sont surtout déroulées :

— dans les quartiers d'habitat social situés en zone urbaine sensible quelle que soit la taille de la ville ;

— dans les quartiers où la part de moins de 20 ans, de non-diplômés et de familles étrangères est très élevée ;

— dans les quartiers où la part de grandes familles de six personnes et plus est importante ;

— dans les quartiers dotés de zones franches urbaines qui ont créé des emplois grâce à des déductions fiscales malgré une faible embauche locale ;

— dans les quartiers où les associations laïques à vocation générale ont subi un désengagement financier de l'État à moyen ou long terme.

En revanche, aucune corrélation positive ou négative entre l'intensité du trafic de drogue et l'importance des émeutes n'est révélée.

Source : Lagrange [2006].

définitive, des capitaux économiques, culturels, sociaux des leaders communautaires [Bacqué et Fol, 2000].

Une approche de l'espace public

Une ville n'est pas seulement constituée de quartiers et de communautés plus ou moins enracinées. L'écologie urbaine s'intéresse aussi aux espaces publics, qui correspondent à d'autres règles de fonctionnement que les milieux locaux. Dans *La Ville à vue d'œil* [1990], Richard Sennett se demande pourquoi « nous ne créons dans nos villes que des espaces inoffensifs, insignifiants et neutralisants, des espaces qui dissipent la menace du contact : baies de glace sans tain des façades, autoroutes coupant les banlieues pauvres du reste de la cité, villes-dortoirs ». Il note que « dans la ville moderne, les espaces pleins de gens sont soit des espaces exclusivement consacrés à la consommation et qui l'orchestrent minutieusement, comme les centres commerciaux, soit des espaces exclusivement consacrés aux expériences du tourisme et qui les orchestrent tout aussi minutieusement » (p. 16). Pour Sennett, cette dégradation de la ville en tant que scène reflète la grande peur cachée qu'ont ses habitants de s'exposer, de courir le risque d'être blessés par une rencontre avec l'« autre ».

L'espace public

« Un espace public, c'est tout le contraire d'un milieu ou d'une articulation de milieux. Il n'existe que s'il parvient à brouiller le rapport d'équivalence entre une identité collective (sociale ou culturelle) et un territoire. Une grande ville n'est un laboratoire de la socialité que si elle fait de l'organisme urbain quelque chose de très particulier fait de pleins et de creux, une éponge qui capte et rejette des flux et modifie constamment les limites de sa cavité. Un espace public n'est donc pas définissable par sa centralité — au contraire il peut se caractériser par son excentricité — mais par sa fonction de désenclavement […]. L'espace public n'attribue aucune place ; s'il est appropriable ou approprié, ne serait-ce que partiellement, il est déjà dénaturé, il devient site, haut lieu, expression symbolique d'un rapport à l'espace ou territoire privatisé. La seule qualité que les pratiques de l'espace public considèrent comme pertinente c'est l'accessibilité. Celle-ci qualifie des usages et subit des effets de discrimination mais elle ne peut pas être normée au point de devenir exclusive et se transformer en appropriation. Un espace public est donc un espace où l'intrus est accepté, bien qu'il n'ait pas encore trouvé sa place et bien qu'il n'ait pas "abandonné sa liberté d'aller et de venir" (Simmel). »

Source : Joseph [1984, p. 40-41].

Ce point rejoint la perspective interactionniste développée par Erving Goffman [1973]. En s'inspirant de ce dernier, Isaac Joseph [1984] considère l'espace public comme un lieu où chacun est accessible aux perceptions de l'autre. Goffman a montré par l'analyse conversationnelle comment les interactions se déroulent à partir de règles tacites connues des participants de l'interaction. Cette connaissance commune permet l'engagement et surtout le maintien de la coopération entre les participants afin que l'interaction continue. On n'entre pas, on ne poursuit et on n'achève pas n'importe comment une interaction. Or la ville contribue à multiplier les « scènes » et à articuler les « coulisses ». Ainsi la multiplication des possibilités de rencontres et de lieux d'échanges dans des situations hétérogènes, comme dans un hall de gare entre usagers et employés, conduit à des agencements et à des reformalisations de rôles.

L'extrait ci-dessus montre l'importance de la notion d'accessibilité et des règles d'interactions pour l'urbanisme. On peut se demander aujourd'hui à quelles conditions les espaces dédiés à la communication Internet (cafés, jardins) entrent dans cette catégorie d'espace public où la ville virtuelle entre en contact avec la ville réelle. Néanmoins, de nombreuses recherches témoignent de la différenciation de l'espace public en fonction de son utilisation par les usagers. Selon Eric Adamkiewicz [1998],

L'application de la théorie du carreau cassé à New York : un contrôle policier de l'espace public

« La théorie du carreau cassé soutient que c'est en luttant pied à pied contre les petits désordres quotidiens que l'on fait reculer les grandes pathologies criminelles [...]. Jamais validée empiriquement, elle sert d'alibi criminologique à la réorganisation du travail policier dont l'objectif est d'apaiser la peur des classes moyennes et supérieures — celles qui votent — par le harcèlement permanent des pauvres dans les espaces publics (rues, parcs, gares, bus et métro, etc.) [...]. Bref, le sous-prolétariat qui fait tache et menace. C'est lui que cible en priorité la politique de « tolérance zéro » visant à rétablir la « qualité de la vie » des New-Yorkais qui savent, eux, se comporter en public. Pour lutter pied à pied contre tous les petits désordres quotidiens qu'ils causent dans la rue, trafics, tapage, menaces, déjections, ébriété, errance, la police de New York utilise un système statistique informatisé qui permet à chaque commissaire et à chaque patrouille de distribuer ses activités en fonction d'une information précise, constamment actualisée, et géographiquement localisée sur les incidents et les plaintes dans son secteur. »

Source : Wacquant [1999, p. 18].

l'expansion des sports de rue, notamment de « glisse » (roller, skateboard, BMX), s'explique par la possibilité de mettre en spectacle ses performances dans des lieux bien définis. De même Laurence Roulleau-Berger [1991] a-t-elle repéré dans les quartiers nord de Marseille des « espaces de recréation » qui consistent pour les jeunes en précarité d'emploi à mettre à distance les pouvoirs publics afin d'organiser des « événements », sportifs ou culturels, autour de projets liés à la vie de la cité. Elle oppose ces « espaces de recréation » à des « espaces de recomposition » où une coopération entre les jeunes précaires et d'autres groupes sociaux (artistes, professionnels de l'action sociale) est possible dans une perspective d'affiliation sociale. Certaines friches industrielles entrent dans cette catégorie. Bruno Proth le montre bien avec l'observation des « lieux de drague » homosexuels à Paris [2002].

L'espace public est aussi le théâtre de la violence collective qualifiée d'urbaine. Les événements sont souvent dramatisés et mis en scène par les différents protagonistes et les médias, notamment lorsque les cibles visées — équipements et commerces — mettent en cause l'espace public [Champagne, 1994]. Face aux discours de prétendus experts, les sociologues mettent en doute le déferlement des violences urbaines [Mucchielli, 2001]. Le flou des définitions qui entourent certains concepts (par exemple la notion d'incivilité) et l'usage manipulateur des statistiques laissent penser que les « violences urbaines » relèvent plus du mythe que de la réalité.

Néanmoins, les récits de soulèvements de quartiers dits « populaires » et/ou « ethniques » semblent augmenter en nombre, du moins en France depuis une vingtaine d'année (rappelons que l'un des premiers travaux de Park a consisté à analyser le soulèvement d'un quartier noir de Chicago en 1917). Selon Sophie Body-Gendrot [1993], ces manifestations violentes correspondent à l'émergence de « nouveaux acteurs » dans ces quartiers : grâce aux médias qui les mettent en scène, des acteurs vulnérables entrent en interaction avec les vrais détenteurs de pouvoir. Dans les pays anglo-saxons, la politique de « tolérance zéro » consiste, en suivant la théorie du « carreau cassé », à refuser de laisser s'installer dans la rue le moindre désordre. On peut aussi citer en exemple la ville d'Istanbul qui veut non seulement réduire l'important flux d'exode rural mais encore évincer de l'espace public les 500 000 vendeurs de rue qui en sont issus [Pérouse, 2007].

Dans cette même veine policière, les ensembles immobiliers sociaux font l'objet de « programmes de résidentialisation » qui consistent à mieux maîtriser les espaces publics où peuvent se dérouler des déviances, en augmentant leur visibilité, en délimitant étroitement les espaces privés et publics, en désenclavant les cités. Au Royaume-Uni, ces programmes qui visent comme en France à augmenter la mixité sociale, en démolissant de l'habitat social et en « regénérant » l'espace public, s'inscrivent dans un discours de « renaissance urbaine » [Collomb, 2006].

Quelques exercices d'application

Essayez d'élaborer une étude pour répondre à ces questions et retrouver les théories sociologiques étudiées

Repérer les « aires morales » de votre ville à partir de caractéristiques démographiques (âge, profession).

Confronter des récits de carrières urbaines (changements de logements, de quartiers, de métiers).

Demander à des ménages d'un groupe social donné d'expliquer les avantages et inconvénients de leur localisation dans la ville.

Étudier la localisation de groupes professionnels.

Étudier des réseaux de groupes urbains (bandes, musiciens, praticiens de sports de rue...).

Confronter des récits de cohabitation dans l'habitat social.

Les manifestations de « tolérance zéro » dans l'espace public d'une petite ville.

IV / La ville, une organisation politique

L'organisation des transports et des services, le traitement des quartiers, la construction et l'attribution de logements, la planification d'équipements, la préservation de sites naturels, la protection contre les nuisances, les procédures d'utilité publique constituent les principaux objets de la politique urbaine. Le droit fixe les règles de fonctionnement des entités administratives qui gèrent ces questions. Mais les sociologues considèrent que cette matière ne dispose pas de tous les outils permettant d'aborder les problèmes urbains relatifs aux territoires et aux services collectifs. Ceux-ci impliquent une diversité d'institutions, hétérogènes du point de vue des normes juridiques, des types d'acteurs et de leurs stratégies professionnelles. Le sociologue s'intéresse au travail collectif d'élaboration de la décision publique, à la manière dont les pouvoirs des élus, des techniciens, des habitants, des experts, des entreprises publiques s'agencent, bref au « gouvernement de la ville ». Comment se fabriquent les décisions urbaines ? Qui y participe ? Que veut dire avoir droit de cité ? Comment une communauté peut devenir active et décider ?

Face à ces questions qui engagent celle, plus large encore, de la démocratie, les sociologues ont répondu de trois manières différentes selon la façon dont ils appréhendent l'urbain et la politique urbaine de leur époque. Dès 1921, Max Weber décrit les conflits de légitimité entre les groupes sociaux et professionnels voulant s'attribuer le monopole de la gestion de l'économie politique urbaine. Au cours des années 1970, la contestation de la planification autoritaire conduit les sociologues à considérer l'espace urbain comme l'expression spatiale des contradictions sociales du capitalisme. Dans les années 1990, les sociologues qui observent la fragmentation des pouvoirs et services publics s'interrogent sur la capacité des acteurs locaux à gouverner et à produire de l'intérêt général.

L'économie politique urbaine selon Max Weber

Un livre posthume et son contexte

La Ville, une enquête sociologique est un ouvrage découvert un an après la mort de Max Weber, en 1922. Dans ce livre, Weber explique l'avènement d'une structure politico-administrative régissant un territoire, l'émergence d'une économie politique, de la bureaucratie et de la bourgeoisie urbaine. Max Weber a mené cette recherche dans le contexte des débats relatifs à l'autonomie administrative et politique des villes dans le cadre de l'État national allemand. Prenant ses distances par rapport à une certaine idéologie de l'autarcie économique, nourrie par un romantisme agraire et le rejet de l'urbanisation, Weber a voulu montrer l'existence d'une logique politique des villes.

Comme le montre Hinnerk Bruhns [2001], la ville se situe au carrefour des réflexions de Max Weber sur les rapports entre l'économie et la religion. Le développement de la ville coïncide avec celui du pouvoir rationnel légal représenté par les appareils bureaucratiques. Weber analyse ce phénomène comme un nouveau mode de légitimation des pouvoirs, aux lieu et place de ceux qui reposaient sur la tradition ou sur le charisme d'un chef.

Les facteurs de cohésion urbaine

La notion d'économie politique urbaine nécessite d'aborder les cinq facteurs de cohésion urbaine qui permettent à Weber d'établir sa célèbre typologie des villes.

Économie. — Selon Weber, « toute la ville a comme foyer économique de l'agglomération un marché où, par suite d'une spécialisation de la production économique, la population urbaine et la population non urbaine satisfont leurs besoins en produits industriels ou en articles de ménage » [1982, p. 19]. Mais tout marché ne suffit pas à faire une ville. Weber distingue les villes de consommateurs dont l'économie repose sur des revenus patrimoniaux et politiques (rentes et pensions) et les villes de producteurs dont les revenus reposent sur des fabriques.

Sécurité. — Un milieu économique favorable ne serait rien sans la sécurité offerte par la ville. Ainsi, la ville occidentale doit sa genèse au type idéal de la ville forteresse. Cette ville était ou contenait un château fort appartenant à un roi, des nobles ou une fédération de féodaux. Pour le gouverneur militaire de la ville, les résidents, les bourgeois, étaient tenus à des prestations militaires déterminées, notamment l'entretien de la forteresse. Une classe d'artisans se développe alors, en créant d'abord des services pour la maison seigneuriale, puis pour d'autres artisans, enfin pour d'autres villes forteresses.

Liberté. — La ville en formation se caractérise par la liberté. Le dicton selon lequel « L'air de la ville rend libre », s'applique pour Weber à « la plus grande innovation des villes de l'Occident médiéval », c'est-à-dire la levée du droit féodal. Passé un certain délai, les seigneurs abandonnent leurs droits sur un esclave ou un serf devenu urbain. De même Weber rappelle-t-il comment la propriété peut être, dans la ville bourgeoise, vendue librement, à la différence des terres seigneuriales rurales.

Fraternisation. — L'idéal-type de la commune, amplement développé par Weber, apparaît surtout en Occident. Il comporte cinq caractéristiques : des fortifications, un marché, un tribunal et — au moins partiellement — un droit propre, des formes d'association, une autonomie partielle permettant une administration autocéphale (autorité judiciaire et administrative propre) des pouvoirs publics avec participation des citoyens (p. 37). Selon Weber, les débuts de la commune politiquement indépendante reposent sur la fraternisation communautaire par serment des citadins selon des liens cultuels ou de classe. Au Moyen Âge, le citoyen était non seulement un « associé de droit » mais aussi un « associé de choses », c'est-à-dire un participant actif à la communauté de biens. Ainsi, « le droit de cité était un droit statutaire conféré au membre adhérent de l'association civique en tant que communauté liée par un serment. Relève de ce droit quiconque appartient à l'ordre des bourgeois ou vit dans leur dépendance » (p. 73). Weber souligne que ces droits entraînaient pour les citoyens le devoir de défendre la cité, dépendante par conséquent d'une alliance entre les couches sociales disposées à la protéger.

Conflits de légitimité. — L'aspect le plus intéressant de l'approche de Weber est celui qui révèle les liens d'interdépendance qui se constituent entre les individus pour gérer ensemble les bénéfices qu'ils retirent du fait d'être en ville : sécurité, emploi, concurrence et mise en valeur des compétences. Weber montre la nature et les enjeux de cette gestion collective. Elle se caractérise par la volonté de garantir un approvisionnement régulier en nourriture, les prix et la stabilité de l'activité des producteurs et des commerçants. Mais quel groupe social ou professionnel sera légitime pour gérer ce bénéfice collectif et en tirer un profit matériel ou symbolique ?

Dans son portrait de la ville patricienne, Weber prend l'exemple de Venise, qui lui semble le type parfait de la domination de notables, propriétaires fonciers et rentiers, « honorables oisifs ». Ce corps statutaire s'est accaparé le pouvoir et l'administration urbaine en supprimant les assemblées de bourgeois jugées trop tumultueuses. Or cette administration se trouve en opposition avec la noblesse guerrière qui fournissait le plus ancien noyau du patriciat urbain, représenté par un Doge. Les luttes de légitimité qui éclatent aboutissent à une séparation des pouvoirs administratifs sur les plans judiciaire, militaire, financier, et à une concurrence entre des services relevant de la même administration centrale (p. 92).

Le cas de la ville plébéienne montre comment les divisions de classe peuvent se traduire par des conflits de légitimité. Ce type idéal de ville est issu du *popolo*, sorte de fraternisation entre des couches sociales en butte aux décisions de justice favorables aux nobles. Dans son ascension, le *popolo* s'adjoint des couches intellectuelles. Il devient le *popolo grasso* et se dote d'un droit propre, de tribunaux plus « justes » à l'égard des bourgeois. Ainsi, au fil du temps, l'emprise du *popolo* s'accroît sur la ville par une réglementation progressive et des fonctionnaires pour l'appliquer. Le *popolo* devient alors une communauté politique, avec ses fonctionnaires, ses finances, son organisation militaire. Les corporations constituent l'arrière-plan de cette victoire du *popolo*. Ces groupements d'artisans et de commerçants servent d'école professionnelle et d'assurance, fondent la cohésion et le contrôle social. Non seulement ils déterminent le statut et le rôle

**Un exemple de fraternisation
Le mouvement communal en France au XIIᵉ siècle**

« À Laon, pour mettre fin à l'insécurité, "les clercs, les archidiacres et les grands" proposèrent une commune qu'ils confirmèrent ensuite après avoir reçu une forte somme des bourgeois. Mais l'évêque Gaudry, personnage cynique et brutal, pria le roi en avril 1112 de la supprimer ; comme il lui offrait 700 livres alors que les bourgeois n'en donnaient que 400, le souverain abolit la commune. L'évêque entreprit aussitôt de récupérer ses 700 livres par l'établissement d'un nouvel impôt ; alors au cri de *Commune ! Commune !* vignerons, artisans, boutiquiers, mais aussi ministériaux, se révoltèrent. Dans des circonstances dramatiques, l'évêque fut mis à mort. Bien entendu, son successeur mit fin à la commune jusqu'à ce qu'en 1128 le roi la restaure de sa propre autorité sans toutefois lui donner ce nom. »

Source : Chédeville [1980, p. 166].

socioéconomique du citoyen, mais ils lui accordent une garantie. Selon Weber, les corporations orientent la ville médiévale vers un « modèle rationnel d'activité économique » (p. 205).

L'actualité des thèmes soulevés par l'étude de Weber n'est plus à démontrer. La commune représente dans de nombreux pays occidentaux un échelon primordial de la vie publique. Depuis les années 1990, certains sociologues considèrent que les solidarités territoriales, fondées sur l'appartenance à un pays, une ville ou un quartier supplantent les solidarités verticales, qui se réfèrent aux classes sociales et à l'économie. Comme dans *La Ville* de Weber, la commune offre à ses citoyens une sécurité et un milieu favorables aux affaires. De même, l'organisation du pouvoir dans les villes d'aujourd'hui oppose une élite dépositaire de savoirs techniques et des groupes développant des capacités administrantes. Mais si Weber nous permet d'analyser nos villes, la transposition terme à terme de son modèle comporte des risques. La différenciation sociale des espaces, l'intégration des villes dans des ensembles mondiaux et au sein d'États nous éloignent considérablement du type idéal de la commune. La ville semble alors être l'expression de luttes et de conflits sociaux.

La politique urbaine comme espace de contradictions

Une sociologie marxiste de la planification urbaine

La commune décrite par Weber diffère sensiblement de l'agglomération urbaine industrielle de la seconde moitié du

XXᵉ siècle. L'expansion plus ou moins maîtrisée de son territoire, la localisation des entreprises, la crise du logement, les difficultés du transport nous éloignent considérablement du modèle de la ville moyenne et harmonieuse.

Ces problèmes de croissance coïncident avec l'apparition, à la fin des années 1970, d'une théorie globale de la ville dans le champ des études urbaines. Manuel Castells et un courant dit « structuralo-marxiste » énoncent que la seule vraie question urbaine est celle du « processus de production sociale des formes spatiales d'une société » [1972, p. 12]. Cette problématique met directement l'accent sur un programme de recherche original : une sociologie de la planification urbaine à la lumière d'une lecture marxiste de la ville. Cette innovation est l'issue logique d'une théorie complexe. En effet, Castells définit la ville comme un « espace de reproduction de la force de travail » (p. 194) et considère les éléments de la structure urbaine (logements, transports, entreprises) en fonction de la structure sociale générale, notamment des besoins de l'entreprise, en main-d'œuvre adaptée et disponible, en transports de marchandises, etc. Cette confrontation l'amène à considérer la ville et l'urbanisation comme l'expression des contradictions et des crises du capitalisme. La planification urbaine correspond à une intervention du politique pour résoudre les problèmes sociaux qui résultent de ces contradictions. Cette démarche se fonde sur des actions concrètes (construction de logements, de moyens de transport par la collectivité publique) et sur la production d'un discours idéologique sur le « cadre de vie » dont la fonction est de masquer les vrais problèmes de la ville. Mais la politique urbaine se trouve en même temps confrontée à l'émergence de mouvements sociaux urbains : squats, grèves de loyers, contestations à l'égard de services publics.

Cette théorie globale se traduit par des tentatives de vérification empirique, notamment par la description de scènes politiques locales. Mais les nombreuses recherches sur Dunkerque [Castells et Godard, 1974 ; Coing, 1982 ; Lorrain, 2001] et sur les mouvements sociaux urbains en région parisienne [Castells, Cherky, Godard et Mehl, 1974] ne valident guère la théorie proposée du fonctionnement de l'urbain. Contrairement au schéma théorique, les agents locaux, qu'il s'agisse d'élus, d'entreprises, de techniciens ou d'habitants, révèlent des stratégies plus diversifiées et autonomes des déterminations de classe que celles que prévoyaient les chercheurs. L'étude des « mouvements sociaux urbains » constitue ainsi un document important sur la crise urbaine de ces années et les facteurs de mobilisation des luttes relatives au thème dit « du cadre de vie » [Castells, 1983].

Acteurs et pouvoirs locaux

Mais peut-on analyser les contradictions urbaines de la même manière en région parisienne, en province et à l'étranger ? La planification urbaine y joue-t-elle le même rôle ? Parmi les variables permettant de comprendre l'autonomie relative de certains acteurs, la notion d'échelle s'est révélée particulièrement adaptée. Elle montre l'existence d'un pouvoir politique local qui gère à l'échelle d'un territoire ses propres contradictions.

En France, Pierre Grémion a montré dès 1976 le détournement du modèle centralisé et l'existence d'un pouvoir périphérique local, consistant en une connivence entre les services territoriaux de l'État (préfecture) et les élus locaux. Ainsi, par exemple, ces derniers utilisaient les relais territoriaux de l'État pour faire pression sur celui-ci, alors que le préfet les employait comme informateurs locaux. Ce constat de l'existence d'un système local a été confirmé au cours des années 1980 grâce à la décentralisation. Les municipalités, dotées d'une autonomie nouvelle, se sont trouvées en position d'acteurs et non de simples agents exécutant les décisions de l'État central. Ce changement a renforcé des notabilités déjà bien établies localement [Nevers, 1983]. Néanmoins, le gouvernement local s'institutionnalise et est reconnu inégalement par les États centraux d'autres pays : dès 1807 en Prusse, en 1837 en Norvège et en Belgique, 1930 en Espagne. D'autre part, l'émergence de nouveaux espaces politiques, comme l'Europe, amène les municipalités et les régions à faire face à de nouvelles règles et normes [Le Galès, 2003]. Comme le montre Hoffmann-Martinot [2007], les réformes du gouvernement des villes liées aux relations entre les usagers, l'administration et le politique sont d'autant plus diverses qu'elles s'inscrivent dans des traditions nationales différentes.

En définitive, l'hypothèse d'un système politico-administratif compartimenté et hiérarchisé correspond de moins en moins à la réalité. Certains chercheurs constatent que l'administration française est beaucoup moins bureaucratique, rigide et impersonnelle qu'on ne le suppose généralement. Le type pur de la domination bureaucratique décrite par Max Weber (chapitre III de *Économie et société*, 1920) est infléchi : des ajustements négociés, des adaptations se révèlent possibles à l'égard des administrés [Dupuy et Thoenig, 1983].

Ce constat peut trouver une explication dans l'analyse straté-gique développée par Michel Crozier et Erhard Friedberg [1977]. Selon eux, le système local est, comme toute organisation (ce terme désigne aussi bien une entreprise qu'une administration ou un parti), un « système d'action concret », caractérisé par la stratégie des acteurs à l'égard de leurs propres organisations et de leurs relais locaux (autre administration, association, entreprise). On ne peut comprendre la stratégie d'un acteur sans connaître la « marge de liberté » et la « zone d'incertitude » qui délimitent la portée de son action. Alors que la marge de liberté renvoie à la compétence reconnue par le droit et/ou conquise par l'acteur, la zone d'incertitude définit sa méconnaissance des stratégies et des compétences des autres acteurs. Il a donc une « rationalité limitée » qui se traduit par sa difficulté à connaître l'éventail complet des possibilités d'action qui lui sont offertes et à mesurer avec certitude toutes les conséquences qui en résulte-raient. Pris dans un réseau complexe d'interdépendances, chaque acteur cherche à diminuer sa propre zone d'incertitude et à accroître sa marge de liberté. Dupuy et Thoenig évoquent notamment les agents qui orientent leur mission vers l'extérieur de l'organisation (avec le public, les associations ou les élus). Leur rôle est valorisé : les relations avec l'environnement externe sont associées à un privilège hiérarchique et constituent une zone d'incertitude pour les autres employés. Ainsi, l'étude d'une organisation ne peut abstraire son environnement institu-tionnel, c'est-à-dire l'ensemble des individus et des institutions avec lesquels elle est en rapport. Un exemple typique de ce jeu d'acteurs est l'attribution des logements sociaux.

Pour certains chercheurs, le territoire peut constituer une unité susceptible de briser l'isolement entre le monde bureaucra-tique et l'univers politique. Claudette Lafaye montre comment certains techniciens de l'État s'appuient sur une conception de la négociation, de la connaissance du terrain et de la proximité avec les administrés pour parvenir à un accord plus large (par exemple sur des aménagements) avec les élus [1989]. Ce type de pratique varie selon les cultures professionnelles.

En effet, l'urbanisme est loin d'être un milieu professionnel homogène. Les services municipaux des grandes villes, les grands corps de l'État (en France, les Ponts et Chaussées) les organismes de mission (la DIAC, ex-DATAR), les architectes urbanistes voisinent

Un construit organisationnel

« L'opacité n'est pas l'apanage des organismes publics mais un phénomène général qui concerne l'ensemble des bailleurs sociaux. L'ampleur de ce phénomène conduit à s'interroger sur les raisons qui amènent les organismes à agir de la sorte. On s'aperçoit que l'opacité peut être considérée comme une condition nécessaire à l'autonomie de gestion des organismes HLM, voire à leur rentabilité. Les comportements décrits précédemment peuvent être considérés comme des tentatives de garder une autonomie suffisante afin de veiller à l'équilibre social des cités en évitant l'injonction des partenaires réservataires de logements (notamment des maires), et d'augmenter la rentabilité "politique" ou "économique" de l'organisme. »

Source : Bourgeois [1996, p. 236].

avec une grande variété de « nouveaux métiers de la ville » : aménageurs, développeurs-animateurs, chefs de projet ville, médiateurs, gestionnaires, etc. La diversité des professions, des identités professionnelles et des valeurs de référence est de rigueur. La légitimité est souvent validée par les pouvoirs politiques (qui acceptent un projet, les bilans d'une étude) et éventuellement aussi par le public (médias, ou plus rarement dans un cadre participatif). Mais l'assentiment peut être facilité par l'utilisation d'une variété importante de disciplines. Ainsi, l'importance des objets de médiation et des techniques (le dessin, la cartographie, la statistique) permet la constitution d'un langage commun. De même certains mots, termes et catégories de pensée servent de ciment à une « pensée urbaine » qui cherche à valoriser des projets spatiaux. Les notions de lien social, de médiation, de partenariat, d'identité, de mémoire, de territoire, venues des sciences sociales, sont alors utilisées, souvent dans un sens différent de celui de leur discipline d'origine. En bref, l'urbanisme paraît alors comme un agencement de compétences.

La politique urbaine : un espace partenarial

Le thème de la « gouvernance » s'est largement diffusé dans les années 1990. Les définitions abondent dans les publications scientifiques, alors qu'il s'agit au départ d'une notion forgée par la Banque mondiale pour guider les orientations économiques et sociales de pays du tiers monde [Fassin, 1996]. La « bonne gouvernance » est, dans le discours du développement, une politique multisectorielle et multipartenariale, utilisant la citoyenneté territoriale comme outil de développement endogène des communautés (Habitat II, Conférence des Nations unies sur le développement des établissements humains, 1992). Elle propose, à la place d'un État fort et centralisé, un État minimal, voire une décentralisation des lieux de production des normes et des règles sociales. L'utilisation du territoire comme lien entre les individus, le partenariat ouvert à tous et donc aux plus démunis, le décloisonnement des compétences sont les trois piliers de cette nouvelle doxa. Elle se traduit par une privatisation des services publics (qui conduit à transformer un simple usager en client exigeant) et par l'émergence d'un État animateur de forums de rencontre entre habitants et techniciens.

Mais la gouvernance peut être aussi un concept scientifique qui permet de décrire le phénomène de fragmentation du gouvernement et des services urbains, la territorialisation des politiques publiques et la volonté affichée d'associer les habitants aux décisions. Dans ces trois manifestations de la gouvernance urbaine se retrouve le passage d'un système d'administration centré sur l'État à un système de gouvernement municipal faisant une plus large part au contrat, au projet, à l'ajustement auto-organisé entre des intérêts publics et privés. Néanmoins, le passage du gouvernement à la gouvernance ne constitue pas un modèle universel et n'implique pas forcément un effacement de la présence de l'État central par exemple face à la périurbanisation [Razin, 1998].

Fragmentation du gouvernement et des services urbains

En France, la décentralisation s'est traduite au cours des années 1980 par l'émergence des villes — surtout les plus grandes — comme acteurs à part entière. Des notables locaux dynamiques se sont imposés sur la scène politique en affichant l'ambition de gouverner la ville à la manière d'une entreprise. Les villes françaises retrouveraient-elles alors l'un des modèles du gouvernement local américain qui consiste à considérer les villes comme une corporation municipale autorisée par l'État fédéral et pouvant être gérée par un *city manager* désigné par le maire ? Il semble en tout cas que la France a adopté une orientation contraire à celle de la Grande-Bretagne, où depuis dix ans la centralisation des pouvoirs se traduit par la suppression des comtés métropolitains et la diminution des recettes fiscales au profit de l'État central. Cependant, cette mutation s'accompagne, comme en France, d'une privatisation des services publics.

Selon Patrick Le Galès [1995b], le gouvernement urbain a subi, au cours des années 1990, une fragmentation de son pouvoir. L'une des raisons essentielles est l'extension des services publics gérés par des organismes d'économie mixte et la prolifération des relations et des réseaux entre acteurs publics et privés. Les acteurs locaux (communes, entreprises, associations) se trouvent alors conduits à justifier et à négocier leur présence et leur compétence. Face à leurs communes limitrophes, les grandes villes renforcent le pouvoir d'agglomération et d'organisation de leurs services. La multiplication des partenariats publics et privés, la « privatisation silencieuse » de certains services urbains [Lorrain, 1998], l'extension des relais associatifs poursuivant une mission de service public, la prise en charge du développement économique dans le cadre d'une compétition entre les villes constituent les mutations fondamentales de ce nouveau gouvernement urbain. Patrick Le Galès montre la complexité du gouvernement de l'agglomération lyonnaise illustré par la diversité de ses acteurs : sociétés d'économie mixte, sociétés d'HLM, associations, entreprises privées et de gestion de services urbains.

Cette description conduit à une question simple : dans cette configuration d'acteurs aussi divers, comment se construit une capacité collective de gouvernement urbain, selon quels référents et quel type de coordination ? Fort éloignée de sa dimension prescriptive, la notion de gouvernance permet de comprendre comment se forme l'intérêt général, de plus en plus contesté lorsqu'une municipalité envisage une action aussi banale que la déviation d'un itinéraire de transport, la construction d'un parking, d'une rue piétonne ou même à plus long terme de grands centres d'affaires symboliques comme Times Square à New York ou Kingcross à Londres promus par la puissance publique et les capitaux privés [Fainstein, 2001].

Parmi les nombreuses théories qui répondent à ces questions complexes, mentionnons celle dite des « régimes politiques urbains », selon laquelle des arrangements formels et informels s'établissent entre des intérêts publics et privés, ayant une capacité d'agir ensemble pour faire appliquer une politique (création de technopoles par exemple). Mais, comme le remarque Patrick Le Galès, cette théorie s'applique certainement mieux aux villes américaines que françaises, où l'État est présent, notamment par la redistribution des ressources fiscales [1995b].

L'exemple des transports publics

En France, les collectivités locales sont responsables du service public de mobilité. Elles disposent de plusieurs formules : exploiter directement les réseaux par le moyen d'une régie, comme à Marseille, ou d'un établissement public industriel et commercial (ÉPIC), comme l'est la RATP à Paris. Elles peuvent également déléguer le service public à une société privée, à laquelle elles sont liées par un contrat qui fixe la durée de la concession, le cahier des charges de l'exploitant et les conditions de sa rémunération. La délégation de service public représente 70 % des services de transport. Les trois grands opérateurs français sont Via-GTI (filiale SNCF), Connex (filiale Vivendi) et TRANSDEV (filiale Caisse des dépôts).

La délégation de service public s'applique dans 20 % des cas à des sociétés d'économie mixte (SEM) composées de capitaux publics, de celui des collectivités, et de capitaux privés. Selon certains auteurs, ce partenariat financier permet une mobilisation de multiples savoir-faire dès la conception du projet : ingénieurs, architectes, paysagistes, commerciaux et futurs gestionnaires.

Source : Lebreton et Beaucire [2000].

Finalement, le concept de gouvernance est encore l'objet de discussions entre les chercheurs. Jean-Pierre Gaudin [1993 et 2003] montre que la notion de gouvernance n'est pas aussi nouvelle qu'on le croit. Il rappelle que l'étatisation de la politique urbaine en France ne date que de l'après-Seconde Guerre mondiale. Pour Dominique Lorrain, ce concept venu de l'économie (« coordinations internes à des grandes entreprises visant à réduire les coûts de transaction ») ne s'applique pas à la politique locale, française notamment. La notion de régulation (« mécanismes d'organisation et de contrôle des marchés par la puissance publique ») ne rend compte que d'une partie du pouvoir urbain : la puissance des sociétés d'économie mixte serait à relativiser. Néanmoins, « une action partagée entre plusieurs acteurs indépendants peut s'organiser sur une base collective parce qu'il existe un principe supérieur que les acteurs partagent » [Lorrain, 1998, p. 92]. Mais l'ouvrage de Diane Davis [1994], relatif à l'histoire urbaine de Mexico, nourrie par la concordance d'une grande série de décisions négatives, publiques et privées, fournit un contre-exemple de cette théorie.

La politique urbaine territorialisée

La fragmentation du gouvernement urbain s'explique souvent par le désinvestissement de l'État sur les plans économique, politique et social. Privatisation et décentralisation conduisent à une prise de responsabilité des collectivités locales dans des domaines relativement nouveaux (ou renouvelés, comme la santé [Fassin, 1997]). Les années 1980 voient donc un développement des politiques publiques territorialisées. Des questions relatives à l'école, à la santé, à l'emploi sont appréhendées dans un cadre spatial. Des bilans statistiques et cartographiques permettent de constater des inégalités sociales dans les domaines scolaires, sanitaires, économiques. Les décisions politiques sont alors prises à une échelle territoriale : on décrète l'existence de zones d'éducation prioritaire, on développe des réseaux ville-hôpital, on établit un plan local pour l'insertion et l'emploi. Mais la coordination locale de ces actions ne va pas de soi. Elle nécessite des relations jusqu'alors inhabituelles entre les acteurs (élus, services publics, habitants). Ces actions publiques reposent sur une diversité d'intervenants dans des domaines aussi différents que l'aide sociale, l'emploi, l'école, le logement. Dans ces configurations nouvelles d'acteurs, la scène n'est plus seulement occupée par le maire, le préfet et éventuellement une association contestataire. Les associations d'usagers et d'habitants, les responsables administratifs et techniques, les organismes animateurs, les élus constituent un réseau d'acteurs structuré relevant de questions organisationnelles.

Étudiant la politique urbaine territorialisée, Jean-Pierre Gaudin [1995] s'interroge sur la coopération des multiples acteurs. Cette politique doit résoudre des problèmes de coordination verticale, horizontale, intersectorielle ainsi que l'articulation entre secteurs privé, public et associatif. La coordination verticale correspond à la permanence des structures hiérarchiques. Or, en France, les relations entre l'État et les communes, autrefois régies par le principe de la tutelle *a priori*, sont régies depuis la décentralisation dans le cadre de politiques contractuelles. La coordination horizontale renvoie au problème de l'intercommunalité et de la concurrence entre les villes : il s'agit ici de dépasser les égoïsmes locaux pour prendre conscience de l'interdépendance des acteurs. La coordination intersectorielle vise les isolats bureaucratico-corporatistes souvent très figés (par exemple, plusieurs directions d'un même ministère). Enfin, la coordination entre les secteurs privé, public et civique (associatif et humanitaire), qu'il s'agisse des politiques de l'emploi, des zones franches ou des emplois de proximité, repose la question des différences de normes et de valeurs entre les acteurs,

Au-delà de l'organigramme, le sociogramme

Comprendre une politique publique urbaine consiste : *1)* à dresser la liste de ses ressortissants, leurs marges de liberté et zones d'incertitude ; *2)* à établir les liens entre les acteurs ; *3)* à qualifier ces liens : coopération, conflit, compétition.

Dès lors, l'organigramme d'un organisme ne fournit qu'une information partielle sur son activité, sans tenir compte de l'extérieur. Le sociogramme permet d'identifier les liens de collaboration entre acteurs quelle que soit leur appartenance institutionnelle. Imaginons que sur un thème donné, traité territorialement (par exemple l'emploi), nous demandions à chacun des acteurs repérés (A, B, C, D, E) s'ils entretiennent des liens professionnels avec chacun des autres acteurs. Nous obtenons alors un tableau croisé de ce type :

	A	B	C	D	E
A		+	+	−	−
B	+		+	+	−
C	+	+		+	−
D	−	+	+		−
E	−	−	−	−	

Une telle matrice permet de repérer les acteurs qui sont au centre du dispositif. Attention, néanmoins : pour être utile, cet outil nécessite de connaître complètement l'ensemble des acteurs concernés par le thème.

ainsi que celle de la légitimité de leur présence dans le champ d'action considéré. Dans ce cadre, l'État, autrefois producteur de normes et de règlements, se trouve réduit à une fonction d'animation des politiques publiques [Donzelot et Estèbe, 1994].

La territorialisation pose aussi des problèmes aux populations. En effet, la croyance selon laquelle le territoire peut constituer un « liant » entre les acteurs a des effets sur la vie quotidienne. Cette idéologie de la proximité s'exprime par la nécessité, soulignée par de nombreux décrets et textes ministériels, de « rapprocher les services publics de la population ». Le dispositif des « plates-formes de service » répond à ce souci. Il s'agit de construire des bâtiments destinés à regrouper les organismes publics dont la population du quartier a le plus besoin (caisses d'allocations familiales, agences pour l'emploi, bureaux d'aide sociale). Cette mesure permet aux habitants de trouver leur service à proximité sans sortir de leur quartier ni se confronter à un dédale administratif. Or, malgré les qualités de cette formule, certaines études montrent que les habitants des lieux, ainsi dotés de plates-formes de service, ressentent négativement cette politique d'équipement qui les isole du reste de la ville [Aballéa, 1993]. Cet exemple montre que les politiques territorialisées nécessitent une réelle écoute des habitants.

Participation des habitants

Le thème de la participation fait aujourd'hui partie des objectifs affichés par de nombreux gouvernements urbains. Dans les pays du tiers monde, l'objectif est, selon le mot de Didier Fassin [1998], de « faire participer ». En France, le développement des conseils de quartier et la politique de la ville participent d'une volonté affichée depuis plus de vingt ans de donner la parole aux habitants. Néanmoins, le bilan est mitigé, selon un rapport ministériel récent [Sueur, 1998]. Pour comprendre comment et pourquoi le bilan diffère des intentions, nous devons nous demander comment est né ce besoin de participation, que veut dire participer, qui participe, quels sont les enjeux de la participation. Cette démarche nécessite de prendre ses distances avec un vocabulaire technico-poétique peu ou prou emprunté aux sciences sociales : « collectif de réponses », « lien social », « apprentissages croisés », « chaîne de coopération », « coentreprise », « espace — ou territoire — de projet ».

Les origines diverses du besoin de participation. — La critique de l'urbanisme autoritaire et bureaucratique des années d'après guerre a conduit à l'émergence de mouvements sociaux urbains, s'opposant à la rénovation de quartiers, à l'augmentation des loyers et des tarifs de transport, ou exprimant le besoin de s'approprier le cadre bâti. Ainsi, dans les années 1970, se développent à Bruxelles une centaine de comités d'habitants « contre la transformation moderniste de la ville au profit du bureau et de la voiture et le climat décisionnel opaque. Ils développent l'idée d'un mouvement de reconstruction de la ville européenne idéalisant la période préindustrielle et la participation des habitants » [Van Criekingen, 2003]. Les habitants ou usagers apparaissaient comme des acteurs susceptibles d'une mobilisation collective et d'un projet alternatif. Les chercheurs des années 1970 classaient ces groupes en quatre catégories : les mouvements de conservation qui cherchaient à défendre une position sociale et urbaine acquise, les mouvements à polarité syndicale, par exemple sur les transports, les mouvements à polarité écologique et enfin les mouvements de réforme urbaine [Cherky et Mehl, 1979]. Ces derniers mouvements revendicatifs, animés par la classe moyenne et supérieure, n'avaient pas de position idéologique mais plutôt une visée gestionnaire : « Ils peuvent très bien s'institutionnaliser progressivement, devenir des appendices de l'État ou des prolongements de la société civile au sein de l'État mais digérés par lui » (p. 205). Le Galès [2003] constate cette dynamique pour la ville finlandaise de Turku : « Une partie des associations et des mouvements s'est institutionnalisée, passant de la contestation à la contractualisation, à la participation et à la fourniture de services » (p. 270).

En France, les expériences de participation proprement dites sont peu nombreuses. L'histoire de la rénovation du quartier ouvrier de l'Alma Gare à Roubaix est un symbole des militants de ce type de mobilisation qui représente la forme la plus aboutie des luttes urbaines des années 1970. Pour la réussir, il a fallu que des intellectuels formés à l'urbanisme opérationnel communiquent leur savoir aux populations concernées et leur transmettent une capacité d'expertise. Ainsi, un Atelier populaire d'urbanisme est créé en 1974 pour contrer les projets municipaux et proposer une alternative à la rénovation.

Dans les années 1980, de nombreuses expériences (Bologne en Italie, Kreuzberg à Berlin) ont conduit des sociologues à mener, à la demande des bailleurs sociaux et avec des architectes, des recherches-actions pour établir un dialogue continu avec les habitants [Anselme, 1981 et 2000]. Ces expérimentations ont permis un développement de l'écoute des habitants dans le cadre de la réhabilitation des quartiers d'habitat social. Une étude comparative des dispositifs de gestion de proximité et de démocratie participative dans le monde (conseils et fonds de quartier, budgets participatifs, jurys citoyens) permet de distinguer les objectifs (améliorer la gestion, donner une capacité aux dominés — *empowerment* —, étendre la démocratie) et les défis de ces démarches entreprises aux États-Unis, au Royaume-Uni, en Allemagne (Berlin), en Suisse, en Espagne, au Brésil et en Afrique sub-saharienne [Bacqué, Rey et Sintomer, 2005].

Aujourd'hui, l'usage de la participation est systématique dans beaucoup de pays en développement, parfois pour contrecarrer la corruption. L'expérience du budget participatif de Porto Alegre (Brésil) repose sur un apprentissage collectif des habitants

Le budget participatif à Porto Alegre

« Chaque année, les assemblées générales de chaque arrondissement lancent le processus. Ensuite, au cours du premier mois, lors d'assemblées "intermédiaires" qui se tiennent dans les quartiers et microarrondissements, les habitants définissent les priorités d'investissement au niveau du quartier. Les délégués au Forum régional du Budget participatif sont élus à la fois dans les grandes assemblées d'arrondissement et dans les assemblées intermédiaires. Après celles-ci, ces délégués se réunissent, parfois pendant plusieurs jours, pour négocier et rendre compatibles les priorités définies dans les quartiers sur une longue liste organisée par secteurs au niveau de l'arrondissement. »

Source : Abers [1998, p. 45-46].

et des fonctionnaires municipaux. Le premier budget fut difficile à établir : « Beaucoup de ceux qui participèrent à ce premier plan d'investissements le décrivent comme une liste colossale de revendications, éludant toute décision polémique ou définition de priorités. Presque toutes les demandes que les participants considéraient comme "hautement prioritaires" furent insérées dans une esquisse de budget engloutissant plusieurs années de recettes » [Abers, 1998]. À la suite de cette première expérience, la municipalité (notamment son cabinet de planification stratégique) a mis au point une méthode permettant de prévoir les dépenses et recettes tout en intégrant une large palette de citoyens à la décision, y compris des milieux populaires.

Enfin, on doit citer le mouvement communautaire américain évoqué au précédent chapitre. Fondé sur l'idée d'un développement endogène des unités de voisinage (*neighbourhood*), son dispositif conduit à considérer le territoire comme un lien entre les acteurs. Dans certaines villes, des entreprises de développement communautaire (*community development corporations*) disposent d'une délégation importante de services publics (pouvant parfois même disposer du droit d'expropriation) dès lors qu'elles ont montré leur capacité d'organisation [Bacqué et Fol, 2000].

Participation, consultation, concertation : quelles différences ?
Les exemples cités montrent la diversité des formes de mobilisation des habitants. La « participation » diffère fondamentalement de la « consultation » et de la « concertation ». Contrairement aux discours qui entretiennent le flou sur ces notions, chacune exprime un stade supplémentaire d'intégration

des résidents dans l'action publique. La consultation ne néces-site qu'une écoute : bon nombre d'opérations d'urbanisme prévoient que les doléances du public seront enregistrées et étudiées lors d'une réunion publique ou dans le cahier d'un commissaire enquêteur. La concertation consiste pour les collecti-vités à consulter des citoyens élus et/ou choisis pour orienter le cours des décisions. Ainsi un conseil de quartier peut-il corres-pondre soit à un simple traitement de la plainte, soit à la recherche d'un assentiment collectif d'un dossier déjà bouclé.

En tout état de cause, la question fondamentale reste celle de l'institutionnalisation de la participation. Lorsqu'elle prend une forme organisée et délibérative, la participation est perçue comme une menace pour la démocratie représentative classique. Des leaders associatifs et/ou communautaires peuvent s'imposer dans une optique qui n'est pas forcément celle du bien public. On retrouve la question du *popolo* étudiée plus haut par Weber.

Qui participe ? — Le plus souvent, les procédures de participation sont ouvertes aux résidents, ce qui exclut les populations qui, par exemple, ne font que travailler dans le quartier. Il serait pourtant nécessaire que toutes les personnes intéressées puissent participer.

Par ailleurs, les citoyens doivent pour pouvoir participer à une action publique disposer d'un outillage technique et intellec-tuel, être compétents et informés. En contrepartie, il est néces-saire que les pouvoirs publics reconnaissent leurs savoirs sur leurs propres territoires. Or cet équilibre est rarement constaté. Faute de remplir cette condition, la notion de « partenaire » est utilisée de manière abusive pour donner l'illusion de mettre au même niveau les idées venant de la « base » et celles de la tech-nocratie, sans se préoccuper des inégalités sociales et culturelles. Sans ce souci, la rencontre entre le « mouvement ascendant » (c'est-à-dire les propositions populaires élaborées avec des animateurs ou développeurs sociaux) et le « mouvement descen-dant » (actions proposées par les élus et techniciens) n'est guère possible. Elle conduit au mieux à l'émergence de nouvelles nota-bilités locales qui doivent leur suprématie à leur capital scolaire, culturel, ainsi qu'à leur temps libre. Une de nos enquêtes dans une ville moyenne française montre que les membres des conseils de quartier sont en majorité enseignants, retraités et déjà membres d'associations locales. En définitive, il faut bien avoir à l'esprit que la notion de partenariat, souvent employée dans le cadre des nouvelles politiques urbaines et de la gouvernance, repose sur un piège : celui de l'égalité présumée des partenaires du point de vue des pouvoirs, des compétences, des préférences. Un autre piège, nous y reviendrons, est de laisser penser que la participation annihilerait le conflit, et que les « idées » ne sont pas le reflet d'intérêts.

Les enjeux de la participation. — La composition des assemblées participatives pose inévitablement la question de leur utilité individuelle et collective. Sur le plan collectif, l'idéal de participation est présenté comme une volonté d'améliorer la gestion, de transformer le rapport social et d'étendre la démocratie [Bacqué et Sintomer, 2001b]. Sur le plan individuel, la participation repose sur la notion de citoyenneté. Cette notion aux contours flous correspond à un devoir-être (participer, voter, sortir du registre de la plainte) plus souvent demandé aux couches dominées (jeunes, immigrés, chômeurs, habitants des cités) qu'aux autres membres de la société. Comme le montre Robert Castel [1995], les nouveaux modes d'intervention politique reposent moins sur une imposition collective que sur un contrat individuel. Ainsi, le revenu minimum d'insertion, délivré en échange d'une conduite sociale adaptée et intégrée, correspond à la contrepartie monétaire de la « citoyenneté » en tant que « devoir être ». On oublie donc souvent que la citoyenneté est aussi un droit à la politique.

Comment et à quel titre peut s'exercer la citoyenneté ? Des locataires de logements sociaux, des automobilistes usagers d'autoroute peuvent développer, tels des clients, des revendications collectives si la qualité d'un service ou son prix ne les satisfont guère. À la différence des mouvements des années 1970, la relation aux services s'intègre dans une perspective strictement individuelle. Philippe Warin a étudié les interactions entre les gestionnaires d'un service public comme le logement social et ses habitants [Warin, 1993]. Son observation participante montre que les locataires et les agents adhèrent de plus en plus à des relations commerciales individuelles au détriment des principes du service public.

Néanmoins, il ne faut pas non plus exclure des actions collectives dans un but de profit personnel. Selon le modèle de Mancur Olson [1978], un mouvement de protestation n'émerge pas par hasard. Il est le fruit du travail d'« entrepreneurs de protestation » qui consiste à faire comprendre à tous les acteurs concernés les bénéfices individuels à attendre d'une action

Le phénomène *nimby*

« Un néologisme californien des années 1980 exprime parfaitement cette incapacité à regarder plus loin que le bout de son quartier : *nimby*, c'est-à-dire "pas dans mon jardin" (*not in my backyard*), ou plutôt, comme on va le voir, "pas sur ma pelouse".

« Si l'on prend l'exemple des propriétaires de la San Fernando Valley, on constate que les grandes luttes de la fin des années 1970 (contre les impôts, le *busing* et la densification) ont laissé place dix ans plus tard à un fatras exotique de revendications *nimby* : contre les embouteillages, contre les centres commerciaux, contre l'extension d'un aéroport, contre le choix de l'emplacement d'une école, contre la démolition du restaurant *Tail O'Cock*, contre la construction d'une mosquée, contre un espace d'exposition en plein air, contre la construction de lotissements ou d'appartements, contre l'élargissement d'une route, contre le défrichement d'une colline, contre un aménagement de la voirie, contre des caravanes pour SDF, contre la démolition d'écuries ou contre l'implantation d'une usine de tortillas. »

Source : Davis [1997, p. 192].

collective. Ces agitateurs doivent notamment persuader ceux qui seraient enclins à profiter de l'action collective sans s'impliquer personnellement. Ce modèle de protestation, à la fois collectif et individuel, est bien illustré par le phénomène *nimby*. Il exprime les valeurs des propriétaires luttant pour préserver la valeur de leurs biens immobiliers et pratiquant pour cela un contrôle rigoureux de l'entrée, même temporaire, dans leurs cités. Cette sorte de *cocooning* social les conduit à s'opposer à tout changement qui affecterait leur qualité de vie. Dans certains cas, les propriétaires *nimby* n'hésitent pas à contester le projet de création de services publics, par simple crainte que ces derniers n'introduisent de nouveaux intrus. Néanmoins, la qualification juridique de l'espace urbain peut aussi faire l'objet de négociations comme le montre Duhau [2006] pour Mexico. Il distingue la ville de l'espace contesté constitué des valeurs patrimoniales, des logements et des activités commerciales et de service, la ville négociée correspondant à l'urbanisation populaire souvent irrégulière, la ville homogène périurbaine, la ville des ensembles de logements sociaux. Les rapports entre riverains et pouvoirs publics s'y accordent de manière différente.

En définitive, la ville est à la fois un objet et un lieu de décisions. Les rapports entre groupes sociaux, les relations entre services publics et propriété privée, entre technocrates et habitants, n'excluent pas les conflits : conflits de légitimité entre groupes sociaux et professionnels reconnus ou non pour gérer le bénéfice collectif d'être en ville, conflits de rationalités entre un ordre économique qui organise l'espace selon ses volontés et celui de la société structurée en territoires différenciés, parfois communautaires, conflits d'intérêts, bien entendu.

L'un des éléments les plus enrichissants du débat sur la politique urbaine est de montrer comment une société établit les critères de ce qu'elle juge utile à l'ensemble de ses membres. Il n'en reste pas moins que l'objet des décisions urbaines est spécifique. Les logiques de domination économique, culturelle et symbolique y sont présentes : lorsque des riverains s'opposent à la construction d'un aéroport, d'un immeuble de logement social, d'une supérette bon marché ou d'une nouvelle autoroute à péage, lorsqu'ils étudient avec les techniciens la construction d'une crèche, la création d'un équipement de loisir, ou encore l'implantation d'une équipe de médiateurs destinés « à réguler les rapports avec les jeunes du quartier ». Le « bien » défendu, de type environnemental, n'est pas de même nature qu'une marchandise ordinaire. Dès lors, si la gouvernance semble une politique sans sujet, ne peut-on craindre que la participation devienne une politique sans objet ?

Quelques exercices d'application

Essayez d'élaborer une étude pour répondre à ces questions et retrouver les théories sociologiques étudiées

Écrire l'histoire de la constitution d'une association de quartier à partir du récit de ses fondateurs.

Décrire un réseau d'acteurs d'une politique publique territorialisée sur un thème défini (réhabilitation d'un groupe immobilier, santé publique, emploi).

Étudier la constitution d'une association *nimby*.

Décrire la variété des tâches et des missions réalisées par un chef de projet de ville.

Reconstituer l'histoire professionnelle d'un ingénieur des Ponts et Chaussées et comparer avec celle d'un chef de projet de ville.

Observer la tenue d'une réunion d'un conseil de quartier, notamment les relations entre élus, techniciens, habitants.

Interviewer un responsable d'une société d'économie mixte (de transport ou de logements publics) sur ses rapports avec la municipalité et les usagers.

Étudier la production des manifestations municipales festives dans diverses villes.

V / L'enquête urbaine aujourd'hui

Nous allons à présent mettre en application les outils théoriques étudiés. Les manuels de sociologie urbaine sont généralement muets sur les outils utilisés, alors que beaucoup de lecteurs viennent y chercher des éléments de méthode pouvant les guider dans leurs études de terrain. Quelles sont alors les sources, les données disponibles ? Quelles précautions sont à prendre pour les utiliser ? Comment appréhender les actions publiques d'urbanisme envisagées dans une ville ou un quartier ? Ainsi nous intéresserons-nous à l'utilisation des plans de villes et des statistiques, avant d'indiquer quelques pistes relatives à l'étude des documents, notamment d'urbanisme.

Un héritage : la monographie de lieu

Le recours à la monographie urbaine est fréquent en sociologie, ethnologie et géographie urbaine et rurale dans la mesure où la description de territoires permet de répondre à des questions plus larges comme la cohabitation interethnique, le changement urbain, la place de la famille dans les relations de voisinage, etc. Répondre à ces questions nécessite d'étudier systématiquement un espace donné (quartier, cité, village) afin d'envisager les variations possibles de l'objet étudié. Pendant longtemps, les études de villes ont consisté à juxtaposer des études sur le site, sur le bâti, sur les activités, sur les fonctions, sans aborder le lien entre ces éléments et la recherche d'une problématique commune. Néanmoins ces « plans à tiroirs », qui s'inspirent des *sociological survey* proposés par Patrick Geddes [1915], sont fort appréciés par les milieux professionnels. Ils permettent d'envisager les besoins et ressources d'une population locale. Aujourd'hui, cette méthode est formalisée dans les études d'impact que l'on exige de toute collectivité publique réalisant une opération touchant l'environnement : construction d'une ligne de TGV, élargissement ou création d'une voie. Elle est aussi qualifiée de diagnostic, ce qui renvoie à une médicalisation de la ville.

La problématisation de la monographie

Les pièges de la demande sociale

Les demandeurs de monographie sont souvent des collectivités territoriales, l'État ou des entreprises. Dans la plupart des cas, l'objectif est une action d'utilité publique, devant recueillir un accord collectif. Dans tous les cas, essayer de comprendre qui commande l'étude (et éventuellement contre qui) peut permettre de gagner du temps. En effet, la demande peut consister à répondre à un besoin (d'emploi, d'activité, de soutien à une population) ; à justifier, ou légitimer, une action publique (rénovation d'un quartier, projet de ville, plan d'occupation des sols) ; à évaluer l'impact d'une action publique sur un espace (création de voies) ; à établir un état des lieux, un diagnostic, afin d'élaborer une stratégie ou un programme d'actions.

Par ailleurs, le chercheur doit se demander s'il peut répondre matériellement aux interrogations du demandeur : a-t-on ou peut-on obtenir facilement les données nécessaires ? Enfin, son travail consiste à s'interroger sur les catégories implicites de la question qui lui est posée. Cette phase de définition de l'étude consiste à définir le plus rigoureusement possible l'objectif de la recherche.

En matière de recherche urbaine, l'un des implicites les plus fréquents est la notion de quartier. Son emprise spatiale se révèle souvent définie par le commanditaire parce qu'il s'agit tout simplement du périmètre de l'opération envisagée. Sans être fausse, on conviendra qu'une telle définition qui révèle les intentions de son auteur, ce qui est un choix, est nécessaire à éclaircir dès le départ.

L'espace urbain comme problème

Si nul organisme ou institution ne guide la demande de monographie, l'étude d'un terrain n'en est que plus libre. Une monographie de quartier contient toujours, obligatoirement, une question, constitutive du point de départ de la recherche.

Les chapitres précédents ont montré que trois types de questionnements sont possibles face à l'espace urbain. Dans un premier cas, la problématique morphologique consiste à expliquer les formes spatiales visibles : leur formation, leur utilisation par les habitants, comme nous l'avons étudié dans le chapitre II. Un deuxième type de problématique renvoie à la proximité spatiale et aux interactions entre les individus : la notion de territorialité, l'appropriation physique et symbolique de l'espace par les groupes sociaux, devient alors centrale. Les études sur la cohabitation des modes de vie conduites au chapitre III sont pleinement applicables. Une troisième perspective (étudiée au chapitre IV) met l'accent sur la décision politique relative à la gestion de l'espace urbain.

Les plans de ville : des outils spatiaux et historiques

Comme nous l'avons dit au chapitre I, le plan est une photographie instantanée d'éléments disposés dans l'espace, témoignant de l'histoire et de formes sociales.

La situation de la ville

On peut commencer l'étude d'une ville ou d'un secteur en étudiant son insertion dans un espace régional ou national. On cherche à identifier la centralité, l'accessibilité de la localité. La situation d'une ville peut être repérée méthodiquement en étudiant des cartes à une échelle comprise entre 1/25 000 et 1/100 000. On peut alors relever :

— les éléments topographiques, telles les altitudes (points cotés) et l'hydrologie ;

— les points de franchissement d'éléments naturels (ponts) ;

— les moyens de communication routière, ferroviaire, aérienne dont dispose la ville ;

— les lieux et villes environnants ainsi que les zones de construction dense ;

— les zones d'espaces libres de constructions, forestiers ou agricoles.

Cette première lecture nous permet d'établir un premier diagnostic relatif à l'intégration de la ville dans sa région.

Le tissu urbain

Cette étape franchie, nous pouvons nous intéresser au contenu formel de la ville. Il s'agit de repérer des formes d'occupation du sol, à partir de cartes topographiques simples au 1/25 000 et au 1/10 000. On se demande alors quels sont les types d'habitat, se juxtaposent-ils à des secteurs d'activités, d'équipements ? On peut, par la simple observation de ces cartes, découper l'espace urbain en plusieurs types, selon la densité, l'histoire, la mixité résidentielle ou fonctionnelle.

L'ensemble de ces données peut être schématisé sur un croquis. Il est possible, par exemple, de reprendre l'organisation radioconcentrique de l'école de Chicago et d'y intégrer les renseignements collectés. Cette synthèse n'a pas l'ambition d'une cartographie. Une fois réalisée, on disposera sur le secteur de connaissances précieuses pour aborder les habitants et comprendre leurs récits.

Le tissu parcellaire

On connaît, depuis Halbwachs, l'importance de la propriété foncière pour expliquer le développement d'une ville ou d'un quartier. Les plans parcellaires représentent l'état de division des propriétés d'un secteur, enregistré dans un document fiscal appelé cadastre. Les plans cadastraux sont en général d'une échelle fine (1/5 000, au moins). Ils peuvent être étudiés sous plusieurs angles. Le nombre et la surface des parcelles donnent des indications sur les divisions de la propriété. Leur forme plus ou moins régulière permet de repérer des opérations de lotissement ou des modes de construction identiques. Enfin, le rapport entre les espaces construits (en noir) et les emprises vides de construction permet d'appréhender la densité bâtie et l'organisation de l'espace (par exemple, le jardin devant, systématique dans certaines zones pavillonnaires). Il est possible d'étudier les évolutions du plan cadastral sur une longue période. La grandeur et la forme des parcelles peuvent illustrer d'éventuelles résistances à l'urbanisation. Rappelons que beaucoup de grandes cités d'habitat social de la région parisienne se sont édifiées dans les années 1950 sur d'anciennes propriétés agricoles.

Éléments fondamentaux d'une analyse de tissu urbain

1. Les formes de bâti et les types de tissu

Il est possible de dater à grands traits le tissu selon qu'il s'agit d'un tissu dense, construit avant 1945 ou dans la période récente. De même, la forme d'habitat, individuel ou collectif, peut être décelée à partir de la densité du bâti et des formes géométriques des immeubles récents. Mais on ne peut déduire de ces formes d'habitat un statut social (populaire, moyen, très aisé) ou un statut d'occupation (propriétaire, locataire).

2. Les équipements publics, privés et semi-publics

Les plans au 1/10 000 sont prolixes en renseignements lorsqu'ils émanent des services municipaux. Plusieurs critères peuvent être employés pour décrire les équipements : la collectivité gestionnaire (commune, État, établissement public, SEM...) ; la temporalité de son utilisation (service quotidien, telles poste, école, crèche, ou service occasionnel de proximité, comme un hôpital, un commissariat ; le public visé (habitant ou non le secteur, âge, milieu social).

3. Les espaces d'activité

Les plans au 1/10 000 fournissent des indications sommaires que l'on pourra compléter par les listings d'activités tenus par l'INSEE (fichier SIRENE contenant l'ancienneté de l'entreprise, le nombre de salariés, la localisation). Les chambres de commerce et d'industrie (ainsi que les chambres de métiers) disposent aussi de listes de leurs adhérents ; de même, des organismes collecteurs de fonds salariaux — type ASSEDIC. Une classification sommaire de la distribution des activités dans la ville permet de distinguer les espaces de reproduction sociale simple et élargie (espaces commerciaux, administrations, écoles), les espaces où dominent les services de circulation-intermédiation (finances, transports, télécommunications, commerces de gros), les espaces productifs *stricto sensu* (agriculture, pêche, industrie, bâtiment et génie civil).

4. Les moyens et lignes de transport

À ce niveau, on ne peut que repérer les moyens de communication selon leur importance en termes de trafic.

5. Les centres et les secteurs enclavés

L'étude du plan apparaît limitée pour répondre à cette question. La centralité peut se manifester par un rassemblement d'équipements, une densité bâtie. Mais l'enclavement ne résulte pas seulement de l'existence d'obstacles matériels (voie d'autoroute, cours d'eau sans franchissement) enfermant le secteur. Seule une enquête peut prouver que la population concernée éprouve de la difficulté à sortir du quartier ou que les horaires des transports communs sont insuffisants.

6. La délimitation possible des quartiers

Là encore, il ne s'agit que d'hypothèses. Mais l'existence de limites et de frontières physiques, de lieux à la toponymie marquée, peut être l'indice de quartiers constitués.

Le tissu commercial

L'étude du tissu commercial est souvent utile pour connaître la population d'un quartier, ses habitudes de consommation, son niveau de vie. À Rouen, Michel Quoist [1956] a décrit les relations qu'entretenaient les épiceries de quartier avec l'économie domestique des ménages ouvriers. Ce type d'étude demande un investissement important sur le terrain : la pratique du relevé d'activités n'est pas aussi aisée qu'il y paraît. On peut dans un premier temps, à partir d'une visite rapide, relever les rues dont la densité commerciale est élevée. Ensuite, une investigation plus poussée consiste à classer les commerces. Le principe de classement dépend de l'hypothèse de départ.

Sur un plan cadastral (voir *supra*), on pourra représenter par des symboles l'implantation des commerces selon le nombre de salariés, (afin de différencier les supermarchés — entre 300 et 2 500 m² — et les hypermarchés — plus de 2 500 m²), le statut financier (succursales ou commerces indépendants), l'usage possible (usage quotidien, telle l'alimentation, ou exceptionnel, tels les vêtements). D'autres classements sont envisageables, selon les types de produits — produits d'équipement de la maison (meubles) ou de la personne (vêtements), soin de la maison (bricolage), soin de la personne (coiffeur), équipement et transport (voitures), cafés, restaurants — et les clientèles (différencier par exemple le commerce exotique, destiné au tourisme culturel, du commerce ethnique destiné à une communauté bien précise).

La difficulté de ce type d'approche consiste dans la recherche des régularités. Aussi la multiplication des catégories rend-elle l'interprétation difficile. Parfois, un plan de la distribution des cafés ou des laveries automatiques en dit plus qu'une carte trop complexe.

Les statistiques urbaines : des outils de cadrage

La statistique est, comme la cartographie, un moyen de décrire un territoire. Loin de mythifier cet outil, considérons-le comme le reflet de choix successifs, plus ou moins conscients, plus ou moins énoncés. Malgré ses limites, il se révèle fort utile pour effectuer un cadrage, même si l'on envisage ensuite une approche plus qualitative. Le développement de la statistique française nous permettra de donner des exemples concrets de données disponibles.

L'étude des populations

En France, on peut obtenir auprès de l'INSEE des séries statistiques issues des recensements de 1946, 1954, 1962, 1968, 1975, 1982, 1990, 1999, 2004 (recensement par sondage). L'échelle des données est variable selon les localités (arrondissements, quartiers, îlots), sachant que l'observation la plus fine ne peut être inférieure à 2 000 habitants, et que d'un recensement à l'autre la délimitation des zones peut changer.

Les variables relatives à la population sont l'âge, l'état matrimonial, la nationalité, les actifs ayant ou non un emploi. Les actifs sont ventilés par catégories socioprofessionnelles (CSP).

Les individus sont regroupés par ménage (ensemble de personnes vivant sous le même toit). On peut connaître le nombre de ménages de une, deux, cent personnes (un couvent est un ménage).

Selon les villes, d'autres variables peuvent être obtenues : le revenu grâce aux services fiscaux, la part des foyers non imposés, le chômage notamment en France, la population des demandeurs d'emploi en fin de mois (DEFM). Cet indicateur est toujours plus actuel que celui du recensement. Enfin, il ne faut pas négliger l'état civil, notamment l'enregistrement des naissances et des décès. Beaucoup de mairies exploitent annuellement ces données, qui rendent compte du dynamisme démographique. Par ailleurs, des micro-indicateurs, peuvent être intéressants lorsque l'on trouve un interlocuteur disposé à collaborer : par exemple, la ventilation des élèves selon les tarifs de cantine (dégressifs en fonction de la situation sociale), les demandes de dérogation au secteur scolaire, etc.

Mais attention : les périmètres géographiques concernés par chaque statistique ne correspondent pas toujours. De façon générale, la définition exacte des variables utilisées est fondamentale pour mesurer le sérieux des données et de la recherche. Il est souvent nécessaire de s'intéresser aux objectifs de leur création et à la manière dont elles ont été produites. D'autre part, l'accès aux données localisées à une échelle fine, pourtant publiques, n'est pas toujours aisé en France, notamment pour les étudiants et les associations. Aux États-Unis les données du recensement sur les quartiers sont gratuitement disponibles sur le site Internet des municipalités, voire parfois des communautés d'habitants.

L'étude des conditions de logement

En France, le recensement fournit des indications précieuses sur l'habitation. L'affectation des logements renvoie à quatre possibilités : la résidence principale (occupée au moins huit mois par an), la résidence secondaire, le logement occasionnel, le logement vacant (non occupé pour des raisons diverses après plusieurs visites du recenseur).

Le type de logement correspond soit à une maison individuelle, soit à un immeuble collectif, soit à un foyer de personnes âgées, soit à un hôtel ou une chambre meublée, soit enfin à une pièce indépendante.

Le nombre de pièces du logement est une variable simple bien que la définition de la notion de « pièce » mérite d'être précisée.

L'époque de construction du logement est établie selon l'appréciation des agents recenseurs et les renseignements recueillis auprès d'habitants. Formellement, quatre classes existent : avant 1915, 1915-1948, 1949-1974, 1975-1990, 1990-1999. En réalité, il est plus prudent de délimiter le parc en deux catégories : construit avant ou après 1948. On pourra obtenir des données plus fines des services municipaux (permis de construire) si le bâtiment est récent.

Le niveau de confort détermine la présence dans le logement de WC intérieurs jusqu'en 1999, de baignoire ou douche, de chauffage central.

On distingue parmi les résidences principales celles qui sont occupées par leur propriétaire, par un locataire en logement social ou non, par un locataire d'un logement meublé, par un ménage logé gratuitement.

D'autres données sont disponibles dans les municipalités : permis de construire, fichier des demandeurs de logements sociaux. Ces renseignements sont importants pour mesurer l'état de tension du marché immobilier ou comprendre les itinéraires résidentiels.

L'offre de logement social peut être étudiée si l'on connaît le nom des organismes de logement social qui ont un parc de logements sur la commune. Ce chiffre sera plus précis que celui du recensement, qui repose sur la déclaration des personnes recensées, susceptibles de se tromper. Dans certaines régions, la direction régionale de l'Équipement réalise une enquête auprès des bailleurs sociaux sur leurs parcs. Les statistiques qui en sont issues sont affinées et de qualité.

En France, l'activité d'amélioration de l'habitat peut être connue au moins en partie par les rapports de l'Agence nationale pour l'amélioration de l'habitat (ANAH), qui subventionne les travaux des propriétaires bailleurs privés.

Enfin, certaines villes bénéficient d'observatoires privilégiés sur les marchés du logement. Les chambres notariales tiennent des statistiques sur le volume des ventes et les prix de l'immobilier d'occasion. Leurs banques de données sont alimentées par les cabinets de notaires. Les réseaux bancaires tiennent également des statistiques locales intéressantes sur l'achat de logements neufs, notamment la maison individuelle. De même, les agents immobiliers se sont constitué un système d'observation du marché, de la vente et parfois du marché locatif. Depuis 1991, la région Île-de-France dispose d'un Observatoire des loyers dans l'agglomération parisienne (OLAP) — hors logements sociaux et loi de 1948 — qui est devenu une source de référence indispensable. L'OLAP analyse non seulement l'évolution du marché mais aussi la mobilité résidentielle entre les différents parcs de logement.

L'étude des activités économiques

On oublie souvent qu'un quartier est aussi un lieu où l'on travaille.

Le recensement fournit une estimation des emplois (et de leur évolution) en mesurant la population active occupée à son lieu de travail et selon le secteur d'activité (agriculture, industrie, bâtiment, commerce, services).

Le fichier des activités économiques, tenu en France par l'INSEE, indique par produits et activités le nombre de salariés. Mais la vérification de la présence des entreprises sur le terrain est recommandée pour éviter les « effets de siège » (emplois recensés à l'adresse du siège d'une entreprise) ou d'éventuels doubles comptes. Dès lors, l'aide complémentaire de l'annuaire du téléphone peut être utile.

Enfin, les chambres de commerce et d'industrie (et les chambres des métiers) établissent aussi des annuaires et des listings. Ces données sont précieuses, mais les entreprises ne sont pas obligées d'y figurer.

L'étude des équipements

À l'issue de cette première collecte de données, nous disposons de plans et de statistiques, c'est-à-dire d'un regard sur le site « vu d'en haut ». On ressent déjà le besoin d'aller voir de plus près, d'entrer sur le terrain, de rencontrer des habitants. Mais ne faut-il pas auparavant s'intéresser aux dispositifs extérieurs aux localités : règlements, arrêtés, plans d'urbanisme ? Dans ce cadre, quelle peut être l'utilité de ces documents et comment les lire ?

Richesse du document local

Les pièges de l'enquête et de l'entretien

Une étude de quartier ou de ville recourt inévitablement à une enquête par entretiens. On est souvent conduit à rechercher dans le quartier les « autorités morales » (pour parler comme Le Play) c'est-à-dire les personnes qui, de par leur position institution-nelle, sont reconnues légitimes pour parler du secteur : du facteur au maire en passant par l'instituteur, le curé, le médecin de famille, l'assistante sociale, le gardien d'immeuble, le boulanger, les présidents d'association, les directeurs d'organisme de loge-ments sociaux, etc. Comment qualifient-ils le quartier ? Quels sont pour eux les événements marquants du quartier ces dernières années ? On retient généralement de ces discours une stylisation du quartier qui n'est souvent pas étrangère au questionnement du chercheur. La situation d'entretien est en effet une situation sociale, dans laquelle l'enquêté cherche à se valoriser aux yeux de l'enquêteur. Aussi, tout en se référant aux préceptes méthodolo-giques usuels permettant de se garantir des variables parasites à l'enquête par entretien [Beaud et Weber, 1997], le recours complé-mentaire à des documents écrits nous paraît indispensable.

Le recours aux documents

Les documents locaux traitant d'urbanisme et d'environne-ment sont légion. À la différence des entretiens, leur intérêt est de produire du discours spontané, sans l'intervention du socio-logue. Il peut s'agir d'un article dans un quotidien ou un journal municipal, d'un tract écrit par une association, d'une publicité émanant d'un promoteur immobilier, d'un règlement de

---

Interroger un document

1. Quelles sont les informations factuelles données par le document ?
2. Sous quelle forme les informations sont-elles données : chiffres, courbes, schémas, photos, témoignages ? Pourquoi cette forme d'information est-elle privilégiée ? En quoi cette forme est-elle indispensable à la démonstration ?
3. Quelle est l'opinion de l'auteur sur l'événement ? Trouve-t-on dans son article des faits qui contredisent son opinion ?
4. Qui a produit le document (un journaliste spécialisé ? dans quel domaine ?) ? Qui a collaboré au document et est donc qualifié d'« expert » (personnes interrogées : chercheur, homme politique, responsable cultuel, architecte, institution, administration, État, organisation dont le but est...) ?
5. À qui et pour qui le document est-il destiné ? À des scientifiques, à des politiques, à des militants, à des fidèles, aux contribuables, aux électeurs, aux habitants d'un lieu, au grand public, etc. ?
6. Dans quel but le document a-t-il été produit (pour aider à comprendre, pour aider à agir, pour faire croire, faire penser, promouvoir, dénigrer — idéologie, propagande, polémique) ?
7. Dans quel contexte idéologique, politique, ce document — cet article — a-t-il été écrit ?

---

copropriété. Dans certaines grandes villes, les débats des conseils municipaux, reproduits *in extenso* dans un bulletin municipal officiel (comme ceux de l'Assemblée nationale et du Sénat), constituent des données intéressantes. De même peut-on se procurer les textes définitifs qui fixent les orientations de politiques municipales plutôt que de se satisfaire des résumés qu'en font les acteurs.

Au cours d'une première étape, ces documents constituent une base documentaire permettant de cerner les acteurs, les enjeux, les positions. Mais on observe que ces documents permettent également de décrire leur auteur. Aussi, sept questions de base nous semblent devoir être posées à partir d'un document (voir encadré ci-dessus).

Ces questions permettent de dégager une idée-force résumant le document. On peut ensuite poursuivre l'analyse en regroupant la liste des termes utilisés dans le document comme équivalents (exemple : le quartier est une famille) ou opposés (exemple : Paris n'est pas un village). On peut aussi relever les termes valorisés ou dévalorisés par le locuteur (village, vivant, petits commerces/logement social, banlieue...). Cette grille permet d'accéder aux représentations du monde du locuteur (chaînes d'équivalences et d'oppositions) ainsi qu'à ses valeurs implicites. Elle prépare donc à une analyse de discours, méthode traitée dans des ouvrages spécialisés [Ratouis, 2003].

Les documents d'urbanisme comme discours sur la ville

Les propositions, programmes et projets urbains sont autant de discours sur la ville. Qu'il s'agisse de réglementer l'utilisation future du sol, l'acquisition de terrains, l'aménagement d'un nouveau quartier ou la réhabilitation d'un centre-ville, ces actions se fondent sur une représentation de la ville idéale ou future. Étudiant un secteur particulier de la ville, on ne saurait être indifférent à ces discours d'action fondés sur une image de la ville et de ses quartiers. En France, on distingue couramment les documents relevant de l'urbanisme réglementaire (fixant des normes de développement urbain : PLU) et ceux qui se rapportent à l'urbanisme dit « opérationnel » (mettant en place des actions volontaires : ZAC, OPAH).

Le discours fonctionnel : le plan d'occupation des sols, le plan local d'urbanisme

Le plan local d'urbanisme (PLU) est un document communal de référence qui fixe l'utilisation future du sol. Il indique les règles générales d'urbanisme : affectation dominante des sols selon les zones (agricoles, résidentielles, industrielles, non urbanisables pour cause de risque, d'intérêt archéologique, etc.). Il prévoit aussi la morphologie des bâtiments (implantation des constructions par rapport aux voies, limites séparatives). Enfin, il établit des servitudes d'utilisation des sols : emplacements réservés aux équipements et aux opérations déclarées d'utilité publique. Les zones urbanisables sont affectées par une densité maximale, parfois selon les fonctions résidentielles de bureau, industrielles.

La procédure d'élaboration du PLU est conduite par la municipalité dans un cadre très strict. L'État nomme un commissaire enquêteur qui siège en mairie pendant un court délai et recueille les réclamations des habitants. Néanmoins, la mécanique institutionnelle du PLU connaît, depuis la loi du 13 décembre 2000 dite « Solidarité et renouvellement urbain », de sérieuses inflexions. Selon ce texte, le plan local d'urbanisme comporte un diagnostic, un projet d'aménagement et de développement durable. Cette exigence d'étudier en détail la ville avant d'agir est redoublée par la nécessité de rassembler en un seul document les éléments épars de la gestion urbaine. Pour lutter contre la fragmentation du pouvoir urbain, le PLU concerne la totalité du territoire communal sans exception : il intègre aussi bien les questions relatives aux logements sociaux que l'habitat dégradé et les déplacements urbains. Enfin, ce document devra être compatible avec ceux établis au niveau de la planification régionale : les schémas de cohérence territoriale.

Le PLU illustre les objectifs des élus et techniciens pour l'avenir de la ville. Aussi convient-il d'être attentif aux choix proposés et aux options rejetées. Les municipalités peuvent vouloir attirer des emplois, rester « résidentielles », ou ne pas vouloir devenir « banlieues dortoirs ». Ces représentations de la ville sont souvent le résultat d'études préalables, lues et interprétées par les élus dans un cadre politique. Le PLU est le document qui témoigne le mieux des conflits dans l'usage du sol. Il serait en effet naïf de considérer le PLU comme un simple règlement esthétique. En effet, le degré de constructibilité d'un terrain fixé par le PLU a un impact sur le prix du mètre carré. Dès lors, le PLU est un facteur de la division économique et sociale de l'espace urbain.

Le discours d'utilité publique : ZAC et expropriation

En France, où la propriété privée est sacrée, les procédures d'acquisition foncière de terrains ou d'immeubles par les collectivités publiques se fondent sur le principe de l'utilité publique. Installer un équipement, « assainir » un quartier ou guider l'urbanisation nécessitent ce type d'opérations. Les collectivités publiques ont plusieurs moyens à leur disposition : l'achat sur le marché, la préemption ou l'expropriation.

L'expropriation est la possibilité d'acquérir un terrain même si le propriétaire n'est pas vendeur. Cette expropriation est dite d'« utilité publique » lorsque « les atteintes à la propriété privée, le coût financier et les inconvénients d'ordre social ne sont pas excessifs par rapport à l'intérêt que présente l'opération » (Code de l'urbanisme). Comme pour le PLU, une enquête publique doit être menée : la procédure d'expropriation est donc administrative, longue et complexe.

Le droit de préemption s'exerce dans certaines zones (dites de « droit de préemption urbaine renforcé ») par le biais d'une déclaration d'intention d'aliéner (DIA) déposée obligatoirement en mairie par tout propriétaire vendeur. La municipalité peut se substituer d'autorité à l'acheteur en offrant un prix inférieur ou égal. En cas de discussion, le juge de l'expropriation fixe le prix. Ce droit peut s'exercer sur des quartiers entiers et se manifeste alors comme une expropriation déguisée.

Quels sont les éléments qui fondent l'utilité publique de telles opérations d'urbanisme ? Les procédures d'expropriation et de préemption sont parfois justifiées par la lutte contre l'habitat insalubre, la nécessité de construire des logements sociaux, de « densifier ». Cette vision de la ville s'oppose parfois aux riverains.

Les zones d'aménagement concerté (ZAC) constituent une autre manière de faire évoluer un secteur urbain grâce à une intervention publique. Il s'agit de favoriser le montage d'opérations d'urbanisme par une concertation entre collectivités publiques et acteurs privés sur les plans techniques et financiers. Ces derniers peuvent prendre en charge tout ou partie des équipements et espaces publics de la ZAC. La constitution d'une ZAC suppose une étude préalable et une concertation avec les habitants, les associations de riverains. La décision de création d'une ZAC sur un territoire donné est le résultat d'une déclaration d'utilité publique (DUP) délibérée par la commune et approuvée par le préfet. Une ZAC comprend un plan d'aménagement de zone (PAZ), avec ses règles de construction, ses normes. Il comprend notamment une division du territoire en lots identifiés selon leur vocation future (habitat, industrie), leur prix de vente, le type d'habitat. Enfin, une ZAC peut être réalisée aussi bien par une collectivité publique que par un concessionnaire. Celui-ci reçoit alors délégation du droit d'expropriation : il acquiert les terrains, les viabilise, les cède aux investisseurs. L'étude des ZAC est relativement complexe (mais passionnante !) dans la mesure où l'utilité publique est définie sur une longue période, au cours d'un processus de négociation et d'ajustements entre acteurs.

Le discours patrimonial : la réhabilitation du parc ancien

Depuis la fin des années 1970, les discours sur l'urbain redécouvrent le patrimoine ancien et les centres-villes. Ils expriment le point de vue de certaines professions urbaines.

Après la loi Malraux de 1964 relative à la restauration immobilière des centres anciens, des plans de sauvegarde et de mise en valeur (PSMV) ont été établis dans des quartiers « historiques », comme le Marais à Paris. Dans ces secteurs, un architecte des bâtiments de France (ABF), haut fonctionnaire du ministère de la Culture, instruit avec vigilance le moindre changement d'affectation et d'utilisation de chaque parcelle. Les architectes des bâtiments de France, qui étaient sous l'Ancien Régime membres du corps des Architectes du roi chargés de la construction et du maintien des bâtiments du pouvoir, se révèlent être aujourd'hui les garants du goût légitime pour réhabiliter monuments historiques et secteurs anciens [Champy, 2001]. Il n'est pas rare que le pouvoir d'instruction des permis de construire dont ils disposent dans ces zones s'oppose à celui des maires et des services municipaux et *a fortiori* des ingénieurs des Ponts et Chaussées, qui ont une conception plus fonctionnelle de la ville. Néanmoins, une évolution apparaît. La nouvelle procédure des zones de protection du patrimoine architectural urbain et paysager (ZPPAUP), mise en place en 1973, peut s'attacher à des espaces moins « nobles » que les PSMV comme le quartier de la Croix-Rousse, typique des canuts lyonnais, ou le quartier de l'Estaque, construit à Marseille entre les deux guerres par des réfugiés arméniens. Mais, qu'il s'agisse de PSMV ou de ZPPAUP, le discours mobilise fortement le récit historique qui fonde la légitimité des acteurs professionnels.

Depuis 1977, les opérations programmées d'amélioration de l'habitat (OPAH) sont devenues un outil courant d'intervention sur les quartiers anciens. Cette procédure repose sur une convention entre une municipalité, l'État et l'Agence nationale pour l'amélioration de l'habitat (ANAH). L'objectif est d'accorder des subventions aux propriétaires bailleurs pour améliorer leurs logements. Les financements des collectivités locales sont relayés par ceux de l'Agence nationale pour l'amélioration de l'habitat. On a souvent constaté que les OPAH entraînaient un départ de la population modeste des quartiers anciens. Aussi l'ANAH a-t-elle mis en place d'autres systèmes incitatifs : une subvention plus élevée lorsque le propriétaire signe une convention de limitation des loyers, accepte d'héberger des RMIstes, etc. En définitive, les OPAH représentent l'inflexion sociale donnée au discours patrimonial. Dans ce cadre, elles s'appuient fortement, dans leurs discours et leurs modalités d'action, sur la notion de quartier mobilisant au besoin les études sociologiques sur ce thème.

Le discours social : la politique de la ville

Beaucoup de sociologues, universitaires ou non, se sont mobilisés sur la question de la politique de la ville en s'appuyant notamment sur les théories relatives au gouvernement urbain développées au chapitre IV. Cette nouvelle modalité d'action des collectivités publiques mobilise une grande palette d'outils issus des sciences humaines.

Selon la Délégation interministérielle à la ville, la politique de la ville s'applique à des territoires concernés par le thème très large de l'exclusion. Cette « géographie prioritaire » des actions de l'État fait l'objet d'un contrat entre la commune, l'État et la région. Celui-ci prévoit des actions de requalification souvent menées par des associations à l'égard des publics identifiés comme en difficulté. Ainsi, les actions sociales prévues dans le contrat de plan sont le reflet aussi bien des problèmes du quartier que de la capacité de mobilisation des groupes locaux. Le « contrat de ville » prévoit des actions d'urbanisme, des actions en faveur de l'emploi, de la formation, de la santé, de l'éducation, de la culture, afin de mieux insérer les quartiers dits « difficiles » dans le reste de la cité. Les priorités locales qui se dégagent peuvent consister à développer les activités et l'emploi, à diversifier l'habitat, à développer la vie associative ou à restaurer la présence de l'État et des services publics. Dans certains cas, des actions concrètes peuvent déboucher, comme la création de zones franches pour les entreprises en contrepartie d'une « discrimination positive » en faveur des jeunes de ces quartiers. L'accent peut être mis sur l'entrée des jeunes enfants en maternelle, la mixité dans l'habitat, l'extension d'un commissariat, etc.

Ce parcours des données de cadrage est à compléter (ou à alléger) en fonction des objectifs de la recherche ou de la problématique.

La monographie de lieux paraît fortement indiquée à l'étudiant débutant, au chercheur sans moyens autres que son astuce, son imagination, son sens critique, sa capacité à obtenir des informations valides et pertinentes. Toutefois, la démarche monographique ne saurait faire illusion. La référence à des données obtenues pour des ensembles géographiques plus vastes est souvent indispensable, ne serait-ce que pour situer la spécificité des lieux étudiés. Toute position spatiale est relative. À défaut, on court le risque d'imputer une spécificité locale à des phénomènes plus largement répandus.

Pièges et réalités du lieu

« La position d'un agent dans l'espace social s'exprime dans le lieu de l'espace physique où il est situé (celui dont on dit qu'il est "sans feu ni lieu" ou "sans domicile fixe" n'a — quasiment — pas d'existence sociale) et par la position relative que ses localisations temporaires (par exemple les places d'honneur, emplacements réglés par le protocole) et surtout permanentes (adresse privée et adresse professionnelle) occupent par rapport aux localisations des autres agents ; elle s'exprime aussi dans la place qu'il occupe (en droit) dans l'espace à travers ses propriétés (maisons, appartements ou bureaux, terres à cultiver, à exploiter ou à bâtir, etc.) qui sont plus ou moins encombrantes ou, comme on dit parfois, *space consuming* (la consommation plus ou moins ostentatoire d'espace étant une des formes par excellence de l'ostentation du pouvoir). Une part de l'inertie des structures de l'espace social résulte du fait qu'elles sont inscrites dans l'espace physique et qu'elles ne pourraient être modifiées qu'au prix d'un travail de transplantation, d'un déménagement des choses et d'un déracinement ou d'une déportation des personnes, qui supposeraient eux-mêmes des transformations sociales extrêmement difficiles et coûteuses.

[...]

Les différents champs ou, si l'on préfère, les différents espaces sociaux physiquement objectivés tendent à se superposer, au moins grossièrement : il en résulte des concentrations des biens les plus rares et de leurs propriétaires en certains lieux de l'espace physique (Fifth Avenue, rue du Faubourg-Saint-Honoré) qui s'opposent ainsi sous tous rapports aux lieux qui regroupent principalement et parfois exclusivement les plus démunis (banlieues pauvres, ghettos). Ces lieux de forte concentration de propriétés positives ou négatives (stigmates) constituent des pièges pour l'analyste qui, en les acceptant comme tels, se condamne à laisser échapper l'essentiel. Comme Madison Avenue, la rue du Faubourg-Saint-Honoré rassemble des marchands de tableaux, des antiquaires, des maisons de haute couture, des bottiers, des peintres, des ensembliers, etc., c'est-à-dire tout un éventail de commerces qui ont en commun d'occuper des positions élevées (donc homologues entre elles) dans leurs champs respectifs et qui ne peuvent être compris dans ce qu'ils ont de plus spécifique que si on les met en relation avec des commerces situés dans le même champ, en des positions inférieures, mais en d'autres régions de l'espace physique. Par exemple, les ensembliers de la rue du Faubourg-Saint-Honoré s'opposent (et d'abord par leur nom noble, mais aussi par toutes leurs propriétés, nature, qualité et prix des produits offerts, qualité sociale de la clientèle, etc.) à ce que, rue du Faubourg-Saint-Antoine, on appelle des ébénistes [...]. »

Source : Bourdieu [1994].

Conclusion : l'unité de la ville

Trois conclusions nous semblent s'imposer à l'issue de ce parcours dans la sociologie urbaine.

Cet ouvrage souligne l'intérêt d'une approche historique de la sociologie urbaine, centrée sur les conditions de production de ce savoir. Il montre que l'histoire de la sociologie urbaine n'est guère détachable de ses rapports avec l'État, principal commanditaire. En France, après vingt ans de décentralisation, celui-ci apparaît moins présent dans la commande de recherche, alors qu'on assiste à une montée en puissance des demandes locales provenant de municipalités, districts, départements, régions, organismes parapublics. Celles-ci accentuent le caractère interdisciplinaire des « études urbaines » sur lesquelles se fondent beaucoup de chercheurs, sociologues à l'origine. La sociologie urbaine présente donc un caractère éclaté qui s'exprime par la diversité des revues et des collections (scientifiques, techniques, professionnelles ou politiques) où se publient ses résultats [Lassave, 1997]. Ainsi, faire l'histoire et la sociologie de la sociologie urbaine conduit à étudier les catégories de l'action publique à l'égard de la ville.

La diversité des objets scientifiques relevant de l'urbain renvoie aux rapports entre les institutions publiques et les chercheurs. Mais elle correspond aussi à la variété des villes dans le monde actuel. Or, qu'y a-t-il de commun entre la métropolisation occidentale, les nébuleuses urbaines d'Asie du Sud-Est et les villes du tiers monde ? Peut-on y appliquer de la même manière nos théories sur les formes sociales, les modes de vie et la gouvernance ? L'observation des tendances contemporaines plaide, *a priori*, pour une indifférenciation progressive des villes. La généralisation des galeries commerciales, le développement du télétravail, des transports correspondent, en Europe occidentale, à l'émergence de nébuleuses urbaines individualistes sans unité [Ascher, 1995]. Mais la ville éclatée et fragmentée ne signifie pas automatiquement la perte d'un sentiment d'appartenance territorial, quelle que soit l'échelle géographique [Bourdin, 1998]. Un esprit des lieux, une urbanité se maintiennent, l'espace est encore pétri de significations. L'espace construit (physique et social) paraît une donnée structurelle, fondamentale, des rapports interindividuels [Rémy, 1992], ainsi que le proposait, dès le début du XXe siècle, la morphologie sociale. Néanmoins, les villes, quelles que soient leurs contrées, devront de plus en plus intégrer les logiques territoriales aux nécessités des réseaux et des flux, techniques, économiques, sociaux. Elles devront montrer leur cohésion malgré les tentatives d'exclusion et les crispations identitaires.

Ces considérations montrent, en définitive, que la ville ne peut être réduite à un simple service ou *public utility*, selon le concept anglo-saxon. La ville est avant tout un environnement physique et social, une organisation collective de services, sources de bien-être, de nuisances ou de risques, inégalement répartis. Loin d'être une géométrie abstraite, elle est faite d'espaces matériels et de lieux sensibles où s'expriment les collectifs. Réintroduire la dimension spatiale et territoriale dans la sociologie urbaine nous paraît donc fondamental. Tout aménagement ne peut être compris qu'en fonction de la société qui l'accueille et le produit. L'urbanisme, divisé entre une logique de la planification et une pratique de la concertation, se trouve à un tournant de son histoire. Face à ces débats, le premier apport de la sociologie urbaine, attachée à contribuer à un véritable développement durable, est de montrer que la ville, bien collectif, n'est pas une marchandise.

Repères bibliographiques

ABERS R. (1998), « La participation populaire à Porto Alegre au Brésil », *Annales de la recherche urbaine*, n° 80-81, p. 43-55.

ABU-LUGHOD J. (1987), « The Islamic city : myths, Islamic essence and contemporary relevance », *International Journal of Middle East Study*, vol. 6.

ADAMKIEWICZ E. (1998), « Les performances sportives de rue, pratiques sportives autonomes spectacularisables à Lyon », *Annales de la recherche urbaine*, n° 79, p. 50-57.

ALEXANDER M. (2006), *Cities and Labour Immigration, Comparing Policy Responses*, Ashgate.

AMIOT M. (1986), *Contre l'État, les sociologues, éléments pour une histoire de la sociologie urbaine en France (1900-1980)*, EHESS.

ANSELME M. (1981), « Réhabilitation et programmation continue. Le petit séminaire », *in* MOLLET A. (éd.), *Quand les habitants prennent la parole*, Plan Construction, p. 157-169.

— (2000), *Du bruit à la parole. La scène politique des cités*, Éditions de l'Aube.

ASCHER F. (1995), *Métapolis ou l'avenir des villes*, Odile Jacob.

ATKINSON R. (2004), « The evidence on the impact of gentrification : New lessons for the urban renaissance ? », *European Journal of Housing Policy*, vol. 4.

AUTHIER J.-Y. (1993), *La Vie des lieux. Un quartier du Vieux Lyon au fil du temps*, Presses universitaires de Lyon.

— (1996), « Mobilités résidentielles et effets de composition dans les processus de réhabilitation des quartiers anciens centraux », *in* HAUMONT N. (éd.), *La Ville : agrégations et ségrégations sociales*, L'Harmattan, p. 143-160.

AUTHIER J.-Y., BENSOUSSAN B. *et al.* (2002), *Du domicile à la ville*, Economica.

AVENEL C. (2004), *Sociologie des « quartiers sensibles »*, Armand Colin.

BACHMANN Ch. et LEGUENNEC N. (1996), *Violences urbaines*, Albin Michel.

BACQUÉ M.-H. et FOL S. (1997), *Le Devenir des banlieues rouges*, L'Harmattan.

BACQUÉ M.-H. (2000), « De la réforme urbaine au management social : le développement communautaire aux États-Unis », *Annales de la recherche urbaine*, n° 88.

Bacqué M.-H., Rey H. et Sintomer Y. (éd.) (2005), *Gestion de proximité et démocratie participative*, La Découverte.

Bacqué M.-H. et Sintomer Y. (2001a), « Affiliations et désaffiliations en banlieue : réflexions à partir des exemples de Saint-Denis et d'Aubervilliers », *Revue française de sociologie*.

— (2001b), « Gestion de proximité et démocratie participative », *Annales de la recherche urbaine*, n° 95.

Bagnasco A. et Le Galès P. (1997), *Villes en Europe*, La Découverte, « Recherches ».

Bairoch P. (1985), *De Jéricho à Mexico. Villes et économie dans l'histoire*, Gallimard.

Bastié J. (1964), *La Croissance de la banlieue parisienne*, PUF.

Bauer G. et Roux J.-M. (1976), *La Rurbanisation ou la ville éparpillée*, Seuil.

Beaud S. et Pialoux M. (2000), *Retour sur la question ouvrière*, Fayard.

— (2003), *Violences urbaines, violence sociale*, Fayard.

Beaud S. et Weber F. (1997), *Guide de l'enquête de terrain*, La Découverte.

Beauregard R. et Body-Gendrot S. (1999), *The Urban Moment. Cosmopolitan Essays on the late 20th Century*, Rusell Sage.

Becker A. (2004), *Maurice Halbwachs, un intellectuel en guerres mondiales, 1914-1945*, Agnès Viénot.

Beckouche P. et Damette F. (1996), *Géographie économique de la région parisienne 1982-1994*, Dreif-Strates, université Paris-I.

Benit C. (2000), « Johannesburg : déségrégation raciale, ségrégation sociale ? », *in* Dureau F. *et al.* (éd.), *Villes en mouvement, une comparaison internationale*, Anthropos, p. 269-281.

Benveniste A. (2000), « La cité de Sarcelles : une nouvelle Jérusalem ? », *in* Bordès-Benayoun Ch., *Les Juifs et la ville*, PUM.

Bernard Y. (1992), *La France au logis*, Mardaga.

Bidou-Zachariasen C. (1997), « La prise en compte de l'effet de territoire dans l'analyse des quartiers urbains », *Revue française de sociologie*, vol. XXXVIII, p. 97-117.

— (éd.) (2003), *Retours en ville*, Descartes et Cie.

Body-Gendrot S. (1993), *Ville et violence. L'irruption de nouveaux acteurs*, PUF.

Bonnetti M. (1995), *Développement social urbain, stratégies et méthodes*, L'Harmattan.

Bonvalet C., Gotman A. et Grafmeyer Y. (éd.) (1999), *La Famille et ses proches : l'aménagement des territoires*, INED/PUF.

Bopda A. (2007), « Yaoundé ou la ville aux quartiers oubliés », *in* Authier J.-Y., Bacqué M.-H. et Guérin-Pace F. (éd.), *Le Quartier, enjeux scientifiques, actions politiques et pratiques sociales*, La Découverte, p. 105-116.

Boudon P. (1977), *Pessac de Le Corbusier 1927-1967. Étude socio-architecturale*, Dunod.

Bourdelais P. (éd.) (2001), *Les Hygiénistes : enjeux, modèles, pratiques*, Belin.

Bourdieu P. (éd.) (1994), *La Misère du monde*, Seuil.

— (2000), *Les Structures sociales de l'économie*, Seuil.

Bourdin A. (1984), *Le Patrimoine réinventé*, PUF.

— (1998), « Le gouvernement des villes institue autant qu'il coordonne ou les limites de la gouvernance », *in* May N. *et al.*, *La Ville éclatée*, Éditions de l'Aube.

— (2001), *La Question locale*, PUF.

Bourgeois C. (1996), *L'Attribution des logements sociaux, politique publique et jeux des acteurs locaux*, L'Harmattan.

Brossaud C. (2004), *Le Vaudreuil, ville nouvelle et son imaginaire bâtisseur*, L'Harmattan.

Bruhns H. (2001), « La ville bourgeoise et l'émergence du capitalisme moderne. Max Weber : *Die Stadt* (1914-1921) », *in* Lepetit B. et Topalov C., *La Ville des sciences sociales*, Belin, p. 47-78.

Brun J. et Rhein C. (éd.) (1994), *La Ségrégation dans la ville. Concepts et mesures*, L'Harmattan.

Burgel G. (1993), *La Ville aujourd'hui*, Hachette.

Burgess E. W. (1925), « La croissance de la ville. Introduction à un projet de recherche », *in* Grafmeyer Y. et Joseph I., *L'École de Chicago. Naissance de l'écologie urbaine*, Aubier-Montaigne, p. 127-143.

Burguière A. et Revel J. (éd.) (1989), *Histoire de la France. L'espace français*, Seuil.

Calvet L.-J. (1994), *Les Voix de la ville. Introduction à la sociolinguistique urbaine*, Payot.

Carré D., Fol S. et Philifert P. (2007), « Mobilisation des acteurs et apprentissage collectif ; intervention dans trois quartiers en difficulté », *Annales de la recherche urbaine*, n° 101.

Cartenter J. et Lee L. (1995), « Gentrification in New York, London and Paris : an international comparison », *International Journal of Urban and Regional Rearch*, vol. 19, n° 2.

Castel R. (1995), *Les Métamorphoses de la question sociale*, Fayard.

Castells M. (1972), *La Question urbaine*, Maspero.

— (1983), *The City and the Grassroots*, University of California Press.

— (1998), *La Société des réseaux*, Fayard.

Castells M., Cherky E., Godard F. et Mehl D. (1974), *Sociologie des mouvements sociaux urbains*, EHESS, deux tomes.

Castells M. et Godard F. (1974), *Monopolville : l'entreprise, l'État, l'urbain*, Mouton.

Cattedra R. (2006), « Bidonville : paradigme et réalité refoulée de la ville du XXe siècle », *in* Depaule J.-C. (éd.), *Les Mots de la stigmatisation urbaine*, Most Unesco, Éditions de la MSH, p. 123-165.

Chalas Y. et Dubois-Taine G. (1997), *La Ville émergente*, Éditions de l'Aube.

Chamboredon J.-C. et Lemaire M. (1970), « Proximité spatiale et distance sociale : les grands ensembles et leur peuplement », *Revue française de sociologie*, vol. XI.

Champagne P. (1994), « La vision médiatique », *in* Bourdieu P. (éd.), *La Misère du monde*, Seuil.

Champy F. (2001), *Sociologie de l'architecture*, La Découverte, « Repères ».

Chapoulie (2001), *La Tradition sociologique de Chicago 1892-1961*, Seuil.

Charle Ch. (1998), *Paris, fin de siècle*, Seuil.

Charmes E. (2006), *La Vie périurbaine face à la menace des gated communities*, L'Harmattan.

Chédeville A. (1980), « De la cité à la ville », *in* Le Goff J. (éd.) *Histoire de la France urbaine*, Seuil.

Cherky E. et Mehl D. (1979), *Les Nouveaux Embarras de Paris*, Maspero.

Chevalier L. (1958), *Classes laborieuses, classes dangereuses*, Livre de poche, 1978.

Choay F. (1965), *L'Urbanisme. Utopies et réalités*, Seuil.

Chombart de Lauwe P.-H. (dir.) (1951), *Paris et l'agglomération parisienne*, 2 vol., PUF.

— (1956), *La Vie quotidienne des familles ouvrières*, CNRS.

— (dir.) (1960), *Famille et habitation*, CNRS.

Coing H. (1966), *Rénovation urbaine et changement social*, Éditions ouvrières.

— (1982), *La Ville, marché de l'emploi*, Presses universitaires de Grenoble.

Collectif (1986), *L'Esprit des lieux. Localités et changement social en France*, Éditions du CNRS.

Collomb C. (2006), « Le New Labour et le discours de la renaissance urbaine », *Sociétés contemporaines*, n° 63.

Colton T. (1995), *Moscow, Governing the Socialist Metropolis*, Harvard University Press.

Cottereau A. (1970), « Les débuts de la planification urbaine en région parisienne », *Sociologie du travail*, 1970.

Coudroy de Lille L. (2000), « Ildefonso Cerda : connaissance d'un urbaniste », *Histoire urbaine*, n° 1.

Coutant I. (2000), *Politiques du squat*, La Dispute.

Crozier M. et Friedberg E. (1977), *L'Acteur et le système*, Seuil.

Dansereau F. (2000), « Montréal : ségrégation sociorésidentielle et cohabitation sociale », *in* Dureau F. *et al.* (éd.), *Villes en mouvement, une comparaison internationale*, Anthropos, p. 289-299.

Davis D. (1994), *Urban Leviathan, Mexico City in the Twentieth Century*, Temple University Press.

Davis M. (1990), *City of Quartz, Los Angeles capitale du futur*, La Découverte, 1997.

De Montlibert Ch. (1997) (textes réunis par), *Maurice Halbwachs 1877-1945*, Presses universitaires de Strasbourg.

De Souza-Briggs X. (2007), « Mixité sociale et géographie des opportunités », *in* Authier J.-Y., Bacqué M.-H. et Guérin-Pace F. (éd.), *Le Quartier, enjeux scientifiques, actions politiques et pratiques sociales*, La Découverte, p. 194-206.

Donzelot J. (2003), *Faire société, la politique de la ville en France et aux États-Unis*, Seuil.

Donzelot J., Mevel C. et Wyvekens A. (2003), *Faire société. La politique de la ville en France et aux États-Unis*, Seuil.

Donzelot J. et Estèbe P. (1994), *L'État animateur. Essai sur la politique de la ville*, Esprit.

Driant J.-C. (1995), *Les Marchés locaux du logement*, Presses de l'École nationale des ponts et chaussées.

Dris N. (2001), *La Ville mouvementée. Espace public, centralité et mémoire urbaine à Alger*, L'Harmattan.

Dubet F. et Lapeyronnie D. (1992), *Les Quartiers d'exil*, Seuil.

Duhau E. (2006), « Contextes urbains et qualifications juridiques à Mexico », *in* Bourdin A., Lefeuvre M.-P. et Merle P. (éd.), *Les Règles du jeu urbain, entre droit et confiance*, Descartes et Cie, p. 149-168.

Dupont V. (2000), « Dispersion globale et microségrégation », *in* Dureau F. *et al.* (éd.), *Villes en mouvement, une comparaison internationale*, Anthropos, p. 257-269.

Dupuy F. et Thoenig J.-C. (1983), *Sociologie de l'administration française*, Armand Colin.

Dupuy G. (1995), *Les Territoires de l'automobile*, Anthropos.

Dureau F. (2000), « Bogota : des stratégies résidentielles très diverses marquées par une inégale maîtrise de l'espace », in Dureau F. et al. (éd.), Villes en mouvement, une comparaison internationale, Anthropos, p. 165-175.

Durkheim É. (1895), Les Règles de la méthode sociologique, PUF, 1985.

— (1893), De la division du travail social, PUF, 1981.

Elias N. et Scotson J.-L. (1965), Logiques de l'exclusion, Fayard, 1997.

Endelstein L. (2004), « Le judaïsme dans un quartier parisien populaire », Hommes et Migrations, n° 1250, juillet-août 2004.

Fainstein S. (2001), The City Builder. Property Development in New York and London, 1980-2000, Second edition, University Press of Kansas.

Fassin D. (1996), « Exclusion, underclass, marginalidad », Revue française de sociologie, vol. XXXVII.

— (1997), L'Espace politique de la santé, PUF.

— (1998), « Politique des corps et gouvernement des villes », in Fassin D. (éd.), Les Figures urbaines de la santé publique. Enquête sur des expériences locales, La Découverte.

Fijalkow Y. (1998), La Construction des îlots insalubres, L'Harmattan.

Fijalkow Y. et Préteceille E. (2006), « Gentrification, discours et politiques », Sociétés contemporaines, n° 63.

Fischer C. (1982), To Dwell among Friends in Town and City, University of Chicago Press.

Flamand J.-P. (1989), Loger le peuple. Essai sur l'histoire du logement social, La Découverte.

Foote Whyte W. (1943), Street Corner Society. La structure sociale d'un quartier italo-américain, La Découverte, 1996.

Fourcault A. (2004), Le Monde des grands ensembles, Créaphis.

Fournier P. et Mazzella S. (2004), Marseille entre ville et ports. Les destins de la rue de la République, La Découverte, « Recherches ».

Frey J.-P. (2001), « Paul-Henry Chombart de Lauwe. La sociologie urbaine entre morphologies et structures », Espaces et sociétés.

Gans H.-J. (1962), The Urban Villagers, Group and Class in the Life of Italian-Americans, The Free Press.

Gaudin J.-P. (1985), L'Avenir en plan. Technique et politique dans la prévision urbaine 1900-1930, Champ-Vallon.

— (1993), Les Nouvelles Politiques urbaines, PUF, 1997.

— (1995), « Politiques urbaines et négociations territoriales, quelle légitimité pour les réseaux de politique publique ? », Revue française de science politique, n° 46.

— (2002), Pourquoi la gouvernance, Presses de Sciences Po.

Geddes P. (1915), L'Évolution des villes (trad. B. Ayramd-Jan), Temenos, 1994.

Genestier Ph. (1999), « Les sortilèges du quartier : quand le lieu est censé faire lien », Annales de la recherche urbaine, n° 82.

Ghorra-Gobin C. (1998), La Ville américaine. Espace et société, Nathan.

Glass R. (1963), Introduction to London. Aspects of Change, Center for Urban Studies.

Goffman E. (1973), La Mise en scène de la vie quotidienne, tome I : La Présentation de soi ; tome II : Les Relations en public, Minuit.

Golberger M.-F., Choffel P. et Leto-queux J.-L. (1998), « Les zones urbaines sensibles », *Insee Première*.

Grafmeyer Y. (1991), *Habiter Lyon. Milieux et quartiers du centre ville*, Éditions du CNRS, Presses universitaires de Lyon.

— (1992), *Quand le Tout-Lyon se compte. Lignées, alliances, territoires*, Presses universitaires de Lyon.

— (1994), *Sociologie urbaine*, Nathan.

Grafmeyer Y. et Dansereau F. (éd.) (1998), *Trajectoires familiales et espaces de vie en milieu urbain*, Presses universitaires de Lyon.

Grafmeyer Y. et Joseph I. (éd.) (1979), *L'École de Chicago. Naissance de l'écologie urbaine*, Aubier-Montaigne, 4ᵉ éd., 1994.

Green A.-M. (1998), *Les Musiciens du métro, une approche des musiques vivantes urbaines*, L'Harmattan.

Grémion C. (1995), *Le Sous-Préfet à la ville*, L'Harmattan.

Grémion P. (1976), *Le Pouvoir périphérique*, Seuil.

Grossetti M. (1995), *Science, industrie, territoires*, PUM.

Guillon M. et Taboada Leonetti I. (1986), *Le Triangle de Choisy, un quartier chinois à Paris*, L'Harmattan.

Haeringer P. (2000), « Abidjan : quatre cercles plus un », *in* Dureau F. *et al.* (éd.), *Villes en mouvement, une comparaison internationale*, Anthropos, p. 73-81.

Halbwachs M. (1908), *Les Expropriations et le prix des terrains à Paris (1860-1900)*, Cornely.

— (1925), *Les Cadres sociaux de la mémoire*, Albin Michel, 1994.

— (1941), *La Topographie légendaire des Évangiles en Terre sainte*, PUF.

— (1968), *La Mémoire collective*, PUF.

— (1970), *Morphologie sociale*, Colin.

— (1972), *Classes sociales et morphologie*, textes rassemblés par V. Karady, Minuit.

Hamnett C. (1996), *The Restructuring of London*, University College Press.

Hamnett C. (2003), *Unequal City. London in the Global Arena*, Routledge.

Hannerz U. (1980), *Exploring the City*, Columbia University Press, traduit et présenté par Joseph I., *Explorer la ville*, Minuit, 1983.

Harb M. (2006), « La Dâhiye de Beyrouth : parcours d'une stigmatisation urbaine, consolidation d'un territoire politique », *in* Depaule J.-C. (éd.), *Les Mots de la stigmatisation urbaine*, Most Unesco, éditions de la MSH, p. 199-225.

Hasson S. (2001), « Territories and identities in Jerusalem », *Geojournal*, vol. 53.

Haumont A. (1993), « La mobilité intra-urbaine » *Annales de la recherche urbaine*, n° 60.

Haumont N. (1966), *Les Pavillonnaires. Étude psychosociologique d'un mode d'habitat*, CRU, réédition L'Harmattan, 2001.

— (1968), « Habitat et modèles culturels », *Revue française de sociologie*, vol. IX, n° 2, 1968, p. 180-190.

— (éd.) (1996), *La Ville : agrégations et ségrégations sociales*, L'Harmattan.

Haumont N. et Lévy J.-P. (éd.) (1998), *La Ville éclatée : quartiers et peuplement*, L'Harmattan.

Hoffmann-Martinot V. (2007), *Le Gouvernement des villes : une comparaison internationale*, L'Harmattan.

Jacobs J. (1961), *Death and Life of Great American Cities*, Random House.

Jaillet M.-C. (1982), *Les Pavillonneurs*, Éditions du CNRS.

Joseph I. (1984), *Le Passant considérable. Essai sur la dispersion de l'espace public*, Klincksieck.

— (1998), *La Ville sans qualités*, Éditions de l'Aube.

Kokoreff M. (2003), *La Force des quartiers, de la délinquance à l'engagement politique*, Payot.

Laé J.-F. et Murard N. (1985), *L'Argent des pauvres. La vie quotidienne en cité de transit*, Seuil.

Lafaye C. (1989), « Praticiens de l'équipement et légitimités quotidiennes » *Annales de la recherche urbaine*, n° 44-45.

Lagrange H. (2006), « La structure et l'accident », *in* Lagrange H. et Oberti M. (éd.), *Émeutes urbaines et protestations*, Presses de Sciences Po.

Lassave P. (1997), *Les Sociologues et la recherche urbaine dans la France contemporaine*, PUM.

Le Corbusier (1942), *La Charte d'Athènes*, Seuil, 1975.

Le Galès P. (1995a), *Politique urbaine et développement local*, L'Harmattan.

— (1995b), « Du gouvernement des villes à la gouvernance urbaine », *Revue française de science politique*, n° 46.

— (2003), *Le Retour des villes européennes*, Presses de Sciences Po.

Lebreton J. et Beaucire F. (2000), *Transports publics et gouvernance urbaine*, Milan.

Ledrut R. (1968), *Sociologie urbaine*, PUF, 1973.

— (1973), *Les Images de la ville*, Anthropos.

— (1984), *La Forme et le sens dans la société*, Klincksieck.

Leeds A. (1994), *Cities, Classes and the Social Order*, Cornell University Press.

Lefebvre H. (1968), *Le Droit à la ville*, Seuil.

Lehman-Frisch S. et Capron G. (2007), « Le sentiment de quartier en milieu gentrifié : de San Francisco à Bogota », *in* Authier J.-Y., Bacqué M.-H. et Guérin-Pace F. (éd.), *Le Quartier, enjeux scientifiques, actions politiques et pratiques sociales*, La Découverte, p. 116-127.

Lepoutre D. (1997), *Cœur de banlieue*, Odile Jacob.

Lévi-Strauss C. (1966), *Tristes Tropiques*, Plon.

Lévy J.-P. (1992), « La mobilité résidentielle dans le contexte local de l'habitat, une approche comparative en France », *in* Lelièvre E. et Lévy-Vroelant C. (éd.), *La Ville en mouvement : habitat et habitants*, L'Harmattan, p. 299-316.

Lévy J.-P. et Saint-Raymond O. (1992), *Profession propriétaire. Logiques patrimoniales et logement locatif en France*, PUM.

Lévy-Vroelant C. (éd.) (2000), *Logements de passage. Formes, normes, expériences*, L'Harmattan.

Ley D. (1996), *The New Middle Class and the Post Industrial City*, Oxford University Press.

Lin J. (1998), *Reconstructing Chinatown, Ethnic Enclave, Global Change*, University of Minnesota Press.

Loret A. et Waser A.-M. (2001), *L'Esprit roller. Réinventer la ville*, Autrement.

Lorrain D. (1998), « Administrer, gouverner, réguler », *Annales de la recherche urbaine*, n° 80-81.

— (2001), « Un livre extrême : Manuel Castells et Francis Godard : *Monopolville 1974* », *in* Lepetit B. et Topalov C., *La Ville des sciences sociales*, Belin, p. 227-266.

Lutala M.R. (2003), « Migration et évolution du réseau urbain en

Afrique », *Population et défis urbains. Chaire Quételet 1999*, L'Harmattan, p. 117-134.

Lynch K. (1976), *L'Image de la cité*, Dunod.

Mac Kenzie R. (1925), « L'approche écologique dans l'étude de la communauté humaine », *in* Grafmeyer Y. et Joseph I. (éd.), *L'École de Chicago. Naissance de l'écologie urbaine*, p. 145-156.

Magri S. et Topalov Ch. (éd.) (1989), *Villes ouvrières 1900-1950*, L'Harmattan.

Marcel J.-C. et Mucchielli L. (1999) « Un fondement du lien social : la mémoire collective selon Maurice Halbwachs », *Technologies, Idéologies, Pratiques. Revue d'anthropologie de la connaissance*, vol. 13, n° 2, p. 63-88.

Marcuse P. et Van Kempen R. (2000), *Globalizing Cities. A New Spatial Order ?*, Blackwell Publishers.

Martinotti G. (1993), *Metropoli. Nuova morfologia sociale della città*, Il Mulino.

Marx K. et Engels F. (1885), *L'Idéologie allemande*, Éditions sociales, 1965.

Massey D. et Denton N. (1995), *American Apartheid*, Descartes et Cie.

Maurin E. (2002), *Le Ghetto français, enquête sur le séparatisme social*, Seuil.

Mauss M. (1905), *Sociologie et anthropologie*, PUF, 1991.

May N., Veltz P., Landrieu J. et Spector Th. (1998), *La Ville éclatée*, Éditions de l'Aube.

Merlin P. (1994), *Les Transports en région parisienne*, La Documentation française.

Mingione E. (1996), *Urban Poverty and the Underclass*, Blackwell.

Miranda A. (2007), « Naples. Ethnicisation et circulations migratoires dans un contexte urbain méditerranéen », *in* Berry-Chikhaoui I., Deboulet A. et Roulleau-Berger L. (éd.), *Villes internationales, entre tensions et réactions des habitants*, La Découverte, p. 279-299.

Mollenkopf J. (1983), *The Contested City*, Princeton University Press.

Montigny G. (1992), *De la ville à l'urbanisation*, L'Harmattan.

Mozère L., Péraldi M. et Rey H. (1999), *Intelligence des banlieues*, Éditions de l'Aube.

Mucchielli L. (2001), *Violences et insécurités. Fantasmes et réalités dans le débat français*, La Découverte.

Navez-Bouchanine F. (2007), « Le quartier des habitants des villes marocaines », *in* Authier J.-Y., Bacqué M.-H. et Guérin-Pace F. (éd.), *Le Quartier, enjeux scientifiques, actions politiques et pratiques sociales*, La Découverte, p. 163-177.

Nevers J.-Y. (1983), « Du clientélisme à la technocratie : cent ans de démocratie communale dans une grande ville, Toulouse », *Revue française de science politique*.

Oberti M. (1995), « L'analyse localisée de la ségrégation urbaine. Ville, quartiers et cités dans une commune de la banlieue parisienne », *Sociétés contemporaines*, n° 22-23, p. 127-143.

Oberti M. (2007), *L'École dans la ville*, Presses de Sciences Po.

Olson M. (1978), *Logique de l'action collective*, PUF.

Ostrowetski S. (1985), *L'Imaginaire bâtisseur*, Klincksieck.

Paquot Th. (1990), *Homo urbanus, essai sur l'urbanisation des mœurs et du monde*, Le Félin.

Park R.-E. (1925), « La ville, proposition de recherche sur le comportement humain en milieu urbain », *in* GRAFMEYER Y. et JOSEPH I., *L'École de Chicago. Naissance de l'écologie urbaine*, p. 79-126.

— (1925), « La ville comme laboratoire social » et « La ville comme phénomène naturel », *in* GRAFMEYER Y. et JOSEPH I., *L'École de Chicago. Naissance de l'écologie urbaine*, p. 163-185.

PAUGAM S. (1994), *La Disqualification sociale. Essai sur la nouvelle pauvreté*, PUF.

PAUGAM S. et VAN ZANTEM A. (2001), « Construction identitaire et réseaux sociaux », *in* SCHNAPPER D. (éd.), *Exclusion au cœur de la cité*, Economica.

PAUL-LÉVY F. et SÉGAUD M. (éd.) (1983), *Anthropologie de l'espace*, Éd du CCI.

PÉRALDI M. (1998), « Carrières et compétences commerciales des migrants à Marseille : une alternative urbaine à la crise ? » *Les Cahiers du CERVL*, n° 4.

PÉROUSE J.-F. (2007), « Istanbul entre Paris et Dubaï : mise en conformité internationale, nettoyage et résistances », *in* BERRY-CHIKHAOUI I., DEBOULET A. et ROULLEAU-BERGER L. (éd.), *Villes internationales, entre tensions et réactions des habitants*, La Découverte, p. 31-63.

PÉTONNET C. (1979), *On est tous dans le brouillard. Ethnologie des banlieues*, Galilée.

PINÇON M. (1982), *Cohabiter : groupes sociaux et modes de vie dans une cité HLM*, Plan Construction.

PINÇON M. et PINÇON-CHARLOT M. (1989), *Dans les beaux quartiers*, Seuil.

— (2001), *Paris mosaïque*, Calmann-Lévy.

PINÇON M., PRÉTECEILLE E. et RENDU P. (1986), *Ségrégation urbaine. Classes sociales et équipements collectifs en région parisienne*, Anthropos.

PRÉTECEILLE E. (1973), *La Production des grands ensembles*, Mouton.

— (1995), « Ségrégations urbaines », *Sociétés contemporaines*, n° 22-23.

— (1997), « Ségrégation, classe et politique dans la grande ville », *in* BAGNOSCO A. et LE GALÈS P., *Villes en Europe*, La Découverte.

PROTH B. (2003), *Lieux de drague. Scènes et coulisses d'une sexualité masculine*, Octares, Toulouse.

PUTTNAM R.D. (2000), *Bowling Alone, The Collapse and Revival of American Community*, Simon & Schuster.

QUERRIEN A. (éd.) (1997), *En marge de la ville, au cœur de la société : ces quartiers dont on parle*, Éditions de l'Aube.

QUOIST M. (1956), *La Ville et l'homme. Rouen, étude sociologique d'un secteur prolétarien*, Éditions ouvrières.

RATOUIS O. (2003), « Le tout et la partie : des catégories de l'urbain à nommer », *Mots, les langages du politique*, n° 72.

RAYMOND H., HAUMONT N. et DEZES M.-G. (1966), *L'Habitat pavillonnaire*, préface de H. Lefebvre, CRU, rééd. L'Harmattan, 2001.

RAZIN E. (1998), « Policies to control urban sprawl : planning regulations or changes in the "rules of the game" », *Urban Studies*, vol. 35, p. 321-340.

RÉMY J. (1966), *La Ville, phénomène économique*, Cabay, Louvain-la-Neuve, 1982.

RÉMY J. et VOYÉ L. (1974), *La Ville et l'urbanisation*, rééd. Cabay, Louvain-la-Neuve, 1982.

— (1981), *Ville, ordre et violence*, PUF.

— (1992), *La Ville : vers une nouvelle définition ?*, L'Harmattan.

Rhein C. (1998), « Globalisation, social change and minorities in Metropolitan Paris : the emergence of New Class Pattern », *Urban Studies*, vol. 35, n° 3.

— (2001), « Le ghetto de Louis Wirth : forme urbaine, institution, système social », *in* Lepetit B. et Topalov C., *La Ville des sciences sociales*, Belin, p. 111-149.

Roncayolo M. (1982), *La Ville et ses territoires*, Gallimard, 1990.

— (1989), « Propriété, intérêt public, urbanisme après la Révolution », *Annales de la recherche urbaine*, n° 43.

— (1990), *La Ville et ses territoires*, Gallimard.

— (1992), « Mythe et représentation de la ville à partir du XVIIIe siècle », *Encyclopédie Universalis*, article « Ville », p. 1502-1506.

— (1998), *Marseille, les grammaires d'une ville*, EHESS.

Roncayolo M. et Paquot T. (éd.) (1992), *Villes et civilisations urbaines, XVIIIe-XXe siècle*, coll. « Textes essentiels », Larousse.

Roulleau-Berger L. (1991), *La Ville intervalle*, Méridiens-Klincksieck.

Rudder V. de et Guillon M. (1987), *Du marché d'Aligre à l'îlot Chalon*, L'Harmattan.

Sachs I. (éd.) (1995), *Quelles villes pour quel développement*, PUF.

Saint-Pierre C. (2001), *La Fabrication plurielle de la ville : décideurs et citadins à Cergy-Pontoise (1990-2000)*, Créaphis.

Sassen S. (1991), *La Ville globale. New York, Londres, Tokyo*, Descartes, 1996.

Savage M., Warde A. et Ward K. (2003), *Urban Sociology, Capitalism and Modernity*, Sage publications.

Sayad A. (1993), « Une famille déplacée », *in* Bourdieu P. (éd.), *La Misère du monde*, Seuil.

Schnapper D. (éd.) (2001), *Exclusion au cœur de la cité*, Economica.

Sennett R. (1990), *La Ville à vue d'œil*, Plon, 1992.

Simmel G. (1903), « Métropoles et mentalité », *in* Grafmeyer Y. et Joseph I., *L'École de Chicago. Naissance de l'écologie urbaine*, Aubier-Montaigne, 1979, p. 61-79.

— (1908), « Digressions sur l'étranger », *in* Grafmeyer Y. et Joseph I., *L'École de Chicago. Naissance de l'écologie urbaine*, Aubier-Montaigne, 1979, p. 53-61.

Simon P. (1992), « Belleville, un quartier d'intégration », *Migrations et sociétés*, vol. 4, n° 19.

Simon P. et Tapia C. (1998), *Le Belleville des Juifs tunisiens*, Autrement.

Slater T. (2006), « The eviction of critical perspectives from gentrification research », *International Journal of Urban and Regional Research*, vol. 30, n° 4.

Smith N. (1996), *The New Urban Frontier : Gentrification and the Revanchist City*, Routledge.

Soja E. (2000), *Postmetropolis, Critical Studies of Cities and Region*, Blackwell.

Sueur M. (1998), *Demain la ville*, La Documentation française.

Suttles G. (1968), *The Social Order of the Slum*, University of Chicago Press.

Szreter (1996), *Fertility, Class and Gender in Britain 1860-1940*, Cambridge.

Tarrius A. (1993), « Territoires circulatoires et espaces urbains »,

Annales de la recherche urbaine, n° 59-60.

TARRIUS A., MAROTEL G. et PERALDI M. (1988), *L'Aménagement à contre-temps. Nouveaux territoires immigrés à Marseille et Tunis*, L'Harmattan.

THOMAS W.I. et ZNANIECKI F. (1916), *Le Paysan polonais en Europe et en Amérique. Récit de vie d'un migrant*, Nathan, 1998.

TISSOT S. (2007), *L'État et les quartiers, genèse d'une catégorie de l'action publique*, Seuil.

TÖNNIES F. (1887), *Communauté et société*, Retz, 1977.

TOPALOV Ch. (1974), *Les Promoteurs immobiliers*, Mouton.

— (1987), *Le Logement en France. Histoire d'une marchandise impossible*, PFNSP.

— (1991), « La ville, terre inconnue. L'enquête de Charles Booth et le peuple de Londres 1886-1891 », *Genèse*, n° 5.

— (2001), « Halbwachs : les expropriations », *in* LEPETIT B. et TOPALOV C., *La Ville des sciences sociales*, Belin, p. 11-45.

TOUBON J.-C. et MESSAMAH K. (1991), *Centralité immigrée. Le quartier de la Goutte d'Or*, L'Harmattan.

VALLADARES L. (2006), *La Favela d'un siècle à l'autre*, Éditions de la MSH.

VALLADARES L. et PRATES COELHO M. (1996), « Urban research in Brazil and Venezuela : towards an Agenda for the 1990s », in STREEN R. (1995), *Urban Research in Developing World, Latin America*, University of Toronto, Centre for Urban & Community Studies.

VAN CRIEKINGEN M. (2003), « La ville revit ! Formes, politiques et impacts de la revitalisation urbaine à Bruxelles », *in* BIDOU-ZACHARIASEN C. (éd.), *Retours en ville*, Descartes et Cie, p. 73-107.

VAN ZANTEN A. (2001), *L'École de la périphérie. Scolarité et ségrégation en banlieue*, PUF.

VELTZ P. (1997), « Les villes européennes dans l'économie mondiale », *in* BAGNASCO A. et LE GALÈS P. (éd.), *Villes en Europe*, La Découverte.

VÉRON J. (2006), *L'Urbanisation du monde*, coll. « Repères », La Découverte.

VIEILLARD-BARON H. (1994), *La Banlieue, ghetto impossible*, Éditions de l'Aube.

— (1996), *Les Banlieues*, Flammarion.

— (1998), « Les attributions de logements sociaux : des contraintes techniques au bricolage local », in HAUMONT N. et LÉVY J.-P. (éd.), *La Ville éclatée : quartiers et peuplement*, L'Harmattan, p. 175-190.

VILLECHAISE A. (1997), « La banlieue sans qualités. Absence d'identité collective dans les grands ensembles », *Revue française de sociologie*, vol. XXXVIII, n° 2.

WACQUANT L. (1993), « Pour en finir avec le mythe des cités-ghettos », *Annales de la recherche urbaine*, n° 54.

— (1999), *Les Prisons de la misère*, Seuil.

— (2001), *De corps et d'âme, carnet ethnographique d'un apprenti boxeur*, Agore.

WARIN Ph. (1993), *Les Usagers dans l'évaluation des politiques publiques*, L'Harmattan.

WEBER M. (1921), *Die Stadt, La Ville*, traduit par P. Fritsch avec une préface de J. Freund, Aubier Montaigne, 1982.

WHYTHE W. H. (1956), *The Organization Man*, Penguin Book.

Wieviorka M. (éd.) (1996), *Une société fragmentée. Le multiculturalisme en débat*, La Découverte.

— (1999), *La Violence en France*, Seuil.

Wilson W. J. (1994), *Les Oubliés de l'Amérique*, Seuil.

Wirth L. (1928), *Le Ghetto*, trad. P. J. Rojtman, Presses universitaires de Grenoble, 1980.

— (1938), « Le phénomène urbain comme mode de vie », *in* Grafmeyer Y. et Joseph I., *L'École de Chicago. Naissance de l'écologie urbaine*, Champ urbain, 1979, p. 251-276.

Young M. et Willmott P. (1957), *Family and Kinship in East London*, Routledge and Kegan, trad. A. Gotman, *Le Village dans la ville*, Éd. du Centre de création industrielle, 1983.

Revues spécialisées

Annales de la recherche urbaine
Espaces et sociétés
Espaces populations sociétés
Études foncières
Genèse
Histoire urbaine
International Journal of Urban and Regional Research
Pouvoirs locaux
Urbanisme
Urban Studies
Villes en parallèle

Sites web

Histoire urbaine, notes de lecture et forum :
www.h-net.msu.edu

Géographie urbaine, notes de lecture et forum :
www.cybergeo.fr

Statistiques des Nations unies sur les villes :
www.un.org/esa/populations

Institut national des statistiques et études économiques :
www.insee.fr

Ministère de l'Équipement et du Logement, centre de documentation :
www.equipement.gouv.fr/urbanisme/cdu

Délégation interministérielle à la ville :
www.ville.gouv.fr

Fédération nationale des agences d'urbanisme :
www.fnau.org

Centre d'études sur les réseaux, les transports, l'urbanisme et les constructions publiques :
www.certu.fr

Centre scientifique et technique du bâtiment :
www.cstb.org

Réseau thématique en formation, « Sociologie de l'urbain et des territoires », Association française de sociologie :
cyberblog.free.fr

UMR LOUEST du CNRS :
www.louest.cnrs.fr

Table des matières

III La ville, un ou des modes de vie

IV La ville, une organisation politique

Collection

R E P È R E S

créée par
MICHEL FREYSSENET et OLIVIER PASTRÉ (en 1983),

dirigée par
JEAN-PAUL PIRIOU (de 1987 à 2004), *puis par* PASCAL COMBEMALE,

avec STÉPHANE BEAUD, ANDRÉ CARTAPANIS, BERNARD COLASSE, FRANÇOISE DREYFUS, CLAIRE LEMERCIER, YANNICK L'HORTY, PHILIPPE LORINO, DOMINIQUE MERLLIÉ, MICHEL RAINELLI et CLAIRE ZALC.

Le catalogue complet de la collection « Repères » est disponible sur notre site
http://www.collectionreperes.com

GRANDS REPÈRES

Classiques

R E P È R E S

La formation du couple. *Textes essentiels pour la sociologie de la famille*, Michel Bozon et François Héran.

Invitation à la sociologie, Peter L. Berger.

Un sociologue à l'usine. *Textes essentiels pour la sociologie du travail*, Donald Roy.

Dictionnaires

R E P È R E S

Dictionnaire de gestion, Élie Cohen.

Dictionnaire d'analyse économique, *microéconomie, macroéconomie, théorie des jeux, etc.*, Bernard Guerrien.

Guides

R E P È R E S

L'art de la thèse. *Comment préparer et rédiger un mémoire de master, une thèse de doctorat ou tout autre travail universitaire à l'ère du Net*, Michel Beaud.

Comment parler de la société. *Artistes, écrivains, chercheurs et représentations sociales*, Howard S. Becker.

Comment se fait l'histoire. *Pratiques et enjeux*, François Cadiou, Clarisse Coulomb, Anne Lemonde et Yves Santamaria.

La comparaison dans les sciences sociales. *Pratiques et méthodes*, Cécile Vigour.

Faire de la sociologie. *Les grandes enquêtes françaises depuis 1945*, Philippe Masson.

Les ficelles du métier. *Comment conduire sa recherche en sciences sociales*, Howard S. Becker.

Le goût de l'observation. *Comprendre et pratiquer l'observation participante en sciences sociales*, Jean Peneff.

Guide de l'enquête de terrain, Stéphane Beaud et Florence Weber.

Guide des méthodes de l'archéologie, Jean-Paul Demoule, François Giligny, Anne Lehoërff et Alain Schnapp.

Guide du stage en entreprise, Michel Villette.

Manuel de journalisme. *Écrire pour le journal*, Yves Agnès.

Voir, comprendre, analyser les images, Laurent Gervereau.

Manuels

R E P È R E S

Analyse macroéconomique 1.
Analyse macroéconomique 2.
17 auteurs sous la direction de Jean-Olivier Hairault.

Consommation et modes de vie en France. *Une approche économique et sociologique sur un demi-siècle*, Nicolas Herpin et Daniel Verger.

Déchiffrer la société française, Louis Maurin.

Déchiffrer l'économie, Denis Clerc.

L'explosion de la communication. *Introduction aux théories et aux pratiques de la communication*, Philippe Breton et Serge Proulx.

Une histoire de la comptabilité nationale, André Vanoli.

Histoire de la psychologie en France. XIXᵉ-XXᵉ siècles, J. Carroy, A. Ohayon et R. Plas.

Macroéconomie financière, Michel Aglietta.

La mondialisation de l'économie. *Genèse et problèmes*, Jacques Adda.

La théorie économique néoclassique. *Microéconomie, macroéconomie et théorie des jeux*, Emmanuelle Bénicourt et Bernard Guerrien.

Composition Facompo, Lisieux (Calvados).
Achevé d'imprimer sur les presses de l'imprimerie
Europe Media Duplication à Lassay-les-Châteaux (Mayenne)
Dépôt légal du 1er tirage : octobre 2007
Suite du 1er tirage (2) : septembre 2009
N° de dossier : 22013

Imprimé en France